山下陽光

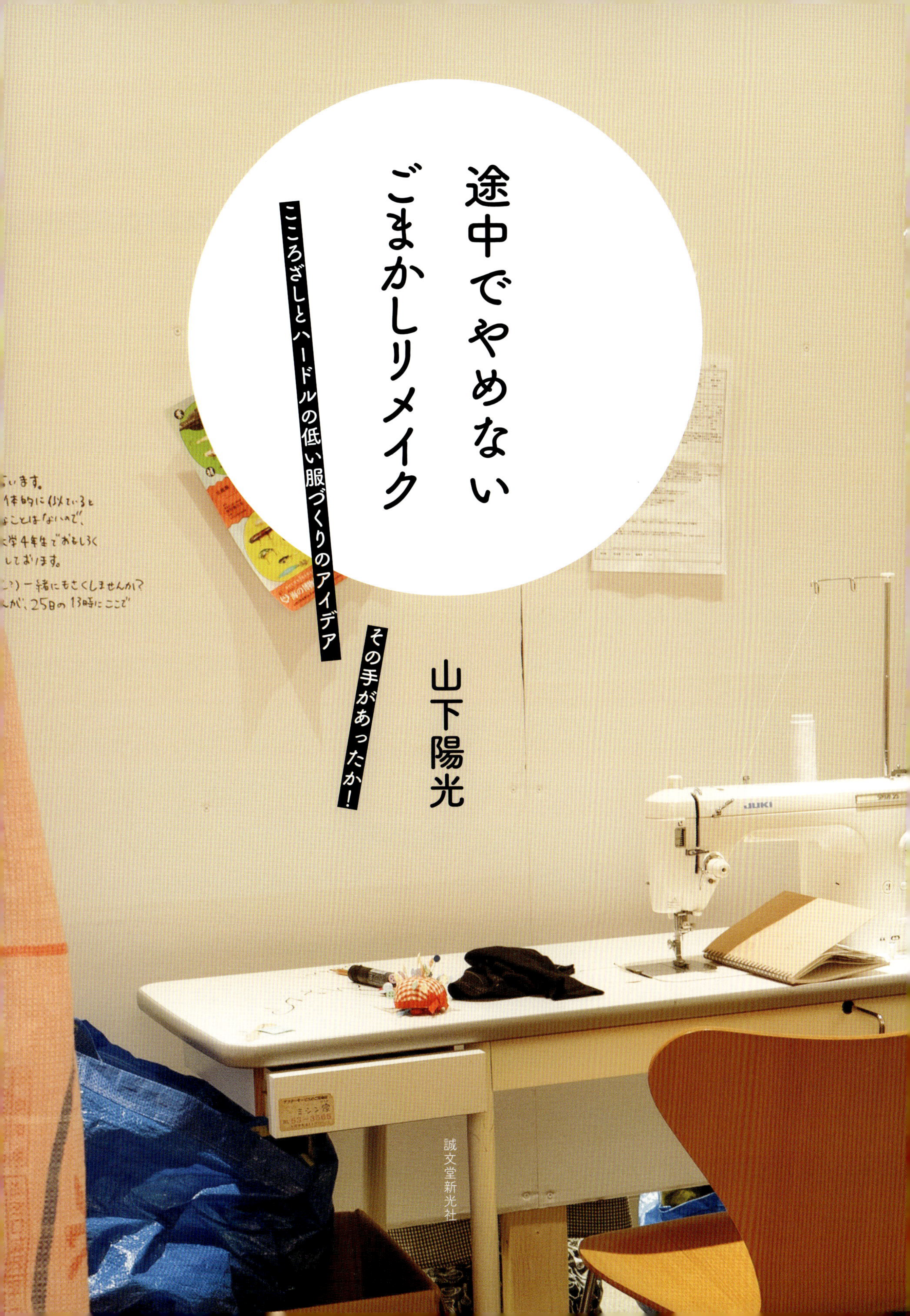

途中でやめないごまかしリメイク

こころざしとハードルの低い服づくりのアイデア

その手があったか！

山下陽光

誠文堂新光社

途中でやめる コレクション

Tシャツ

伸縮性があってリメイクしやすい服。新品や使い古した服など、家の中に1着くらいはあるんじゃないでしょうか。ベーシックな形でどんなリメイク素材とも相性がよく、季節を選ばず着られる着心地のよさが魅力。半袖、長袖ともに「途中でやめる」の商品によく使っています。

まるT

「途中でやめる」の看板商品。Tシャツの中央を丸型に大きく切り取り、その部分に別の布で作った円を縫い付けています。

アップリケT

半袖Tシャツの中央にバイアステープで囲んだギンガムチェックの布を付けました。袖は別布を足して長袖にしています。

花T

「花」文字の下部分の毛糸がTシャツからとび出したデザイン。何かにつけて枠からはみ出したくなる性分なんです。

シャツ

プレーンなシャツは、どんな素材にも好相性。毛糸やパッチワークを合わせるとき、「途中でやめる」ではそれらの素材が映えそうな色、形、素材を選んでいます。素材は麻や綿、襟はお好みの形で、半袖も長袖も、少しゆったりとした大きめサイズを選ぶとリメイクしやすいです。

くるんくるんシャツ

その名の通り、くるんくるんとした毛糸のデザインが特徴。毛糸は一筆書きのように服の裏側までつながっています。

スカーフをプラス

大判のスカーフをシャツにプラスするとこんな感じに。風が吹くとひらひらなびいてカッコいいんです。後ろ前を逆にして着るのもありですよ。

パッチワークをプラス

一つ一つデザインが異なるパッチワークを服の前面と後ろ側、腕部分に付けました。思い切って複数枚付けるのがいいんです。

パーカー

こちらも「途中でやめる」の定番商品。パーカーの前面や腕に素材をプラスします。前面にジッパーがあるタイプも同じ方法でリメイクできますよ。

パンツ

トップスもパンツも、一度解体してからリメイク素材を付けています。裾からはみ出すように付けたいんです。前面だけでなく後ろもいろいろ変えられますよ。

ジャケット

酒瓶のモチーフを付けたシリーズ。少し寒い日にサッと羽織れるので重宝します。水を吸いそうな生地はガンガン洗えますし、冬でも着られますよ。

カーディガン

ニット生地にもモチーフを入れられます。カーディガンやVネックには、Vに開いている前身頃に合う形のモチーフを入れたくなるんです。

ANDERSON UNIVERSITY
HOMECOMING
2016

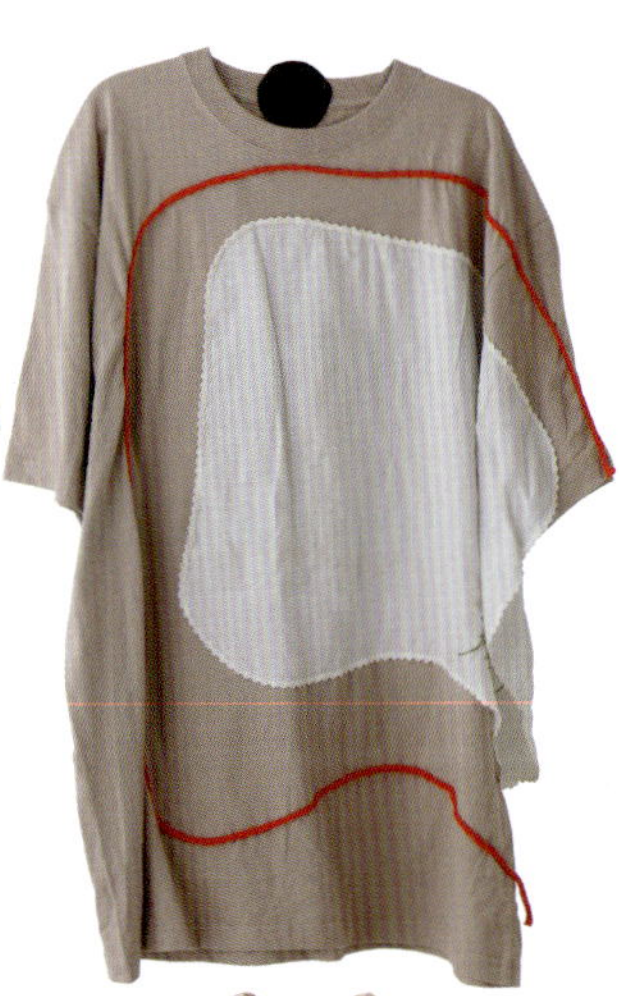

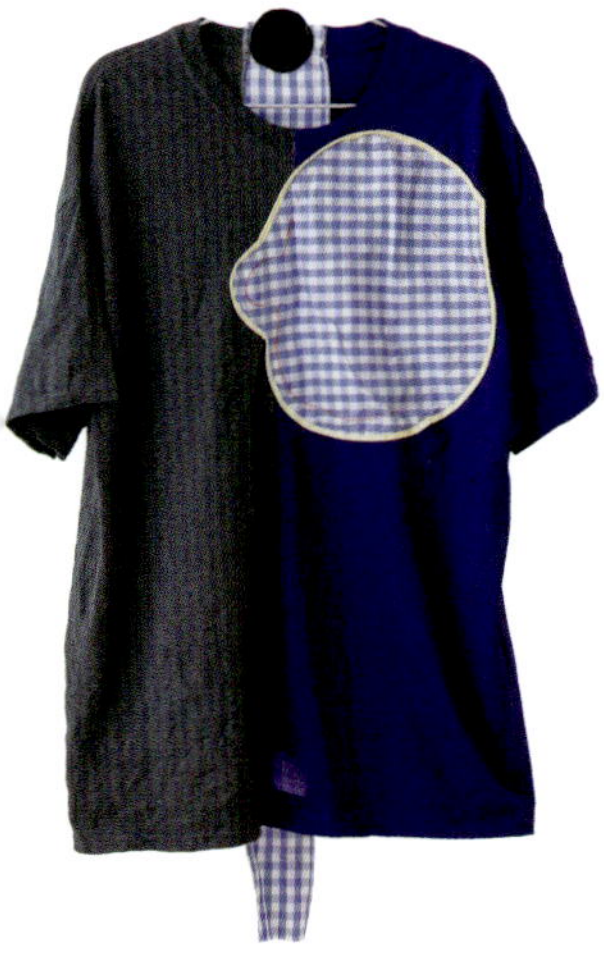

PYUN

自分で作ってみる。

衣食住を自分で作るとなると、
「住」は、家じゃなくてテントとか野宿かな?
「食」にはお店で食べる外食と自炊があって、
自炊なら、キッチンばさみでまな板いらずの
レンチン時短レシピみたいなものがある。

「衣」における、野宿や時短レシピのような、
自作ってどんなものだろうか。
完成度が低いしょぼいものが好きだから、
ズボラ飯のように時短で作ってみたい。
ついつい途中でやめたくなっちゃうけど、
どうにかごまかして完成させましょう。

途中でやめない?
いやいや、途中でやめていいんです。
それを完成と言い切ってしまえば。

切るのも縫うのも面倒くさくなってわからなくなる。
縫ったら裏返しだった。はぁ、と落ち込んで
リッパーできれいに解体して縫い直し……。
いや、ちょっと待って！ そのまんまでいいですよ。
縫い目が出てパンクっぽいじゃん。
逆にかっこいいよと。

この本は、失敗をうまいことかわして
最後まで作ることに寄り添う一冊です。
サイズや細かいことは一切シカトしまくって、
まずは一着、どうにか作ってみましょう。

この本の目次だよ
大きく3つに分かれているよ

はじめに

原作：山下陽光　漫画：コナリミサト

はじめまして
山下陽光と
いいます
「途中でやめる」
という服のブランドを
主宰している者です
ぴっかー
突然ですが
皆さん
服を作るのって
大変なことだと
思っていませんか?
売っている服は
当然だけど
最近は
手作りの服も
めちゃくちゃクオリティが
高くてきれいすぎる
オシャー
ピシッ
シャッキリ
料理には
ズボラ時短
レシピという
ものがあって
まな板も使わないで
キッチンばさみとレンジ
だけでおいしい料理が
作れちゃう
ピポポ
ひらめいたん
です
チーン♪
手作りのジャンルでも
そういう服づくりが
あってもいいんじゃないかと
レシピ通りに作った
めちゃくちゃ塩辛い
チャーハンも自分だったら
何とか食える
しょっぺー
この本は
そんな本
なんです
どんな本
だよ

この本には何センチと表記が出てきますが参考までのことなんです
自分がいいなと思う長さで切って縫って失敗しまくればいいんです
何回も失敗したらあるときスッと作れるときがやってきます
料理と違って作って着てみたら思っていたのと違って
「くそダサいやんけ」ってことになったりします
ゴミを錬成してもた!!
服は裏側から縫って縫い目を出さないように仕上げることが多くて
完成品ばかり見ているとできるまでの過程が想像しにくいです
??
が
襟や首や袖がきれいに見えるだけで完成品のような仕上がりに見える
ピシッ
シャキッ
あれ…意外と良きでは…?
その補助線として本書を活用していただきたい
この補助線は乱暴&ダイナミック&意外性だらけで
最初は表と裏右と左が混乱したり間違って重ねて縫っちゃったりもしますが
慣れてくると裏が表になる感覚もつかめてきます
2枚の鏡を使って後ろの髪を切る感覚と同じで
天地左右逆に感じても
慣れるとそれをつかむことができるようになります
失敗したときのごまかし方もたくさん載せているので参考にしてください

作り始める前に

本の中で、作り方の解説をしていますが、わからないことも多いと思います。
自転車の乗り方を乗ったことがない人に説明するのが難しいように、
そしてソレを文字だけで伝えるのには限界があります。
わからない時は、何がどうわからないのかを
スマートフォンで動画検索したら、寄り添ってくれます。
「ミシン　下糸　調節」これでOK。

それでもうまくいかない、思うように縫えない。
そうなんです、そういうこともありますよね。
そういうときは、ミシンと友達に、
いや、ミシンが自分自身になるくらい縫いまくれば、
ギターソロが弾けたりテニスのサーブが打てるときのような
解説できないけどできちゃう、作れちゃうぞってことなんです。
縫って縫って縫いまくって、職人肌みたいな服を作りましょう。

あと、この本買いました！　とか、タグ付けとかめちゃくちゃ嬉しいですが、
本を買って作りましたよ！　の報告が一番嬉しい。
買って実際に作る人は1％くらいしかいないと思うので、
ぜひあなたもその1％になって、タグ付け報告してください。
「いいね！」を100回押すのが私の理想です。

リメイクした服の洗い方

- 洗濯機で洗う場合はネットに入れてください。僕は普通洗いでガンガン洗っていますが、心配な人はおしゃれ着洗いのコースがおすすめです。
- レース、ハンカチ、スカーフが付いている服は手洗いだと安心できます。
- 洗剤は服に洗濯表示されているものを選んでください。
- 水洗い不可の服はクリーニング店に出しましょう。
- 洗濯後の素材の変化を楽しむような心持ちでいるとリメイクが楽しくなりますよ。

Step 1

材料と道具を用意する

この本で使う材料と道具もろもろ一式の紹介です。家にあるものならば新たに購入する必要はありません。ひとまずミシンは必須です。「途中でやめる」のリメイクで使っているものなので、他のリメイク本とは内容が違っていてもあしからず。

準備

1 リメイクする服を用意する

いよいよスタート、まずは服の準備から。家の中にある服を、なければ中古の服を用意してください。失敗することを前提に何着か用意しておくと安心です。最初からきれいに作れる人なんていないんだし、前面を失敗したら後ろ面が、全部失敗しても次の服があります。作るためのハードルを下げて挑戦しましょう。

ベースになる服に、いろいろな素材をプラスしてオリジナリティを出すのが「途中でやめる」流のリメイクです。プラスする素材と相性のよい（ケンカしないような）、プレーンな色と形と素材の服が向いています。トレンドを気にしないベーシックなデザインだとより長く着られて愛着が湧くかも。なにより絶対失敗するので、何着か用意しておくのが得策です。失敗してもいいやと気楽に考えておいたほうが取り組みやすいんですよ。10回挑戦して11回目で成功するくらいの心持ちでいるほうが、思い切りのある良いものが作れるってもんです。

リメイクに向いている服

「途中でやめる」のリメイクには、凝った作りの服より単純な構造の服のほうが向いています。

ポケット

ポケットは、素材を付ける前に取り外します。取り外すときに縫い目をカットしやすい、別布を服の上に貼り付けたアウトポケット（パッチポケット）の服を選ぶと作業がしやすいです。ポケットが付いていない服は、自分で新たにポケットを付けてもいいかもしれません。

生地

薄手よりも厚手がGOOD。ある程度厚みのある、綿やリネン生地がおすすめです。ミシンで縫い間違えたり、リッパーで穴を開けてしまっても厚みがあるとなんとなくごまかせます。デニムのような分厚い生地や薄くて柔らかいナイロンなどの生地は扱いが難しいので、どうしても使いたい場合は作業に慣れてからのほうがよいかも。洗濯も気を使いますし。

縫い目

裾から袖までの縫い目を、はさみやリッパーで切る作業が発生します。この部分を重ね縫いしていない服のほうが作業しやすいです。それ以外はガチガチに縫われていてもOKですよ。

リブ

リブが付いている場合は、作業の中で縫い目をほどくことがあるので、縫い方が単純な服を選びたいところです。でもぱっと見ではよくわからないと思いますので、リブに関してはどんな形でも大丈夫です。付いていてもなくてもよいですよ。

裏地

トップス、ボトムスともに裏地のない服を選んでください。裏地があるととにかく作業が大変なんです。なるべく楽に進めるために裏地なし、これ基本です。どうしても裏地付きの服を使いたい場合は取ってしまうのも手ですよ。

持っている服を使う

まずは、家にある着なくなった服の中から探してみてください。リメイクしがいのある服が見つかるかもしれません。自分の服でなくても友達とかおばあちゃんの服とか、どんな服でもよいです。トレンド感がないデザインのほうが、組み合わせる素材がいきてきます。穴が開いていたりシミがあったり、汚れている服でも大丈夫。むしろ「汚れたところはこうしてみよう」と考えが膨らむのでラッキーと考えれば汚れすら楽しくなりますよ。

Tシャツ

バンドTとか無地Tとか、どの家にも一着はありそう。厚手の生地は作業しやすくいろいろな面で安心ですが、着古して薄くなりつつあるTシャツもリメイク次第でいい味が出たりします。

半袖、長袖ともに作りがシンプルで生地に伸縮性があるので、初めてリメイクに挑戦する人におすすめ。

スウェット

生地に厚みと伸縮性がある、初心者向けの扱いやすい服。真夏以外は着られるので、スウェットベースの服を作っておくと年中着回しができて便利。

ミシンで縫う際に前後の布が多少ずれたとしても、短いほうの生地を引っ張ればカバーができます。

分厚くなければデニム生地でもよいです。テロテロ生地のブラウスは上級者向けなので最初は避けたほうが安心かな。

シャツ

ベーシックな形や色のシャツは、素材をプラスしやすく、リメイクに向いています。厚みのある綿やリネン生地は扱いやすいのでおすすめ。着ていないシャツがどこかに眠っていたらもったいないのでどんどん活用してください。

カーディガン

フロント部分が開くので、生地を広げた状態でミシンをかけられます。ジャストよりオーバーサイズのほうが羽織りやすく、リメイク素材がより際立って見えそう。綿でもウール生地でもよいですよ。

パンツ

裏地が付いていなければスリム、太め、ハーフパンツやオーバーオール、どんな長さやデザインもリメイクできます。「途中でやめる」はゆったりとしたシルエットのパンツが多めで、コーデュロイ生地は大好物。

セーター

ニット生地もリメイクできます。手編みも機械編みも単色もカラフルな色もどんとこい。押し入れの奥底に眠っている手編みのセーターなんて最高じゃないですか。引っ張り出してカッコよくしてどんどん着ましょう。

スカート

細かいプリーツの入っていない、ひざ丈やロング丈のフレアスカートがリメイクしやすそう（途中でやめるはスカートをあまり作らないんですよ）。タイトなシルエットよりフレアな方が布が広がるので作業がしやすいです。

パーカー

裏地がなく、伸縮性に優れたスウェット生地で作られていることが多いのでリメイクしやすいです。フロントに付いているポケットは作業のときに取り外します。ジッパー付きのデザインでも OK ですよ。

ワンピース

スカート部分の生地が広がるので、はさみを入れなくても縫いやすくリメイクしやすいのが特徴。裏地が付いていることが多いので、なるべく付いていないデザインを選んでください。しわになっても気にならないような生地だと細かいことが気にならないので重宝します。

コート

スプリングコートなどの薄手のコートはリメイクができます。基本的に薄ければOK。ダウンコートやダッフルコート、ピーコートなどの厚手のコートはNGと考えてください。

コートは特別に裏地が付いていてもよしとします。裏地の色合いやデザインがかわいい場合は、裏返した状態でリメイクするのもありなんです。

ジャケット

春と秋に着るような、薄手で裏地の付いていていないデザインがよいです。着丈はお好みで。フリース素材のジャケットでも。

パジャマ

リメイクすると部屋着ではなく外出着として着られるようになります。生地が薄いので同じくらいの薄さの素材と組み合わせると相性がよさそう。ミシンで縫うときは布がよれないように気を付けて。

帽子

パーツを組み合わせた、シンプルな構造の裏地のない帽子を探してみてください。毛糸で文字を描くとカッコよく仕上がります。汗取りテープを取り外すとミシンがかけやすくなります。

カバーオール

ジャケットやコートと同様に、なるべく薄手の生地のものを探してください。エンジニアジャケットなどもカッコよく仕上がりますよ。

古着を購入する

リメイクできそうな服が家になかったら、ユーズドショップなどで中古の服を探してみましょう。中古といっても、最近は状態のいい品があったり新古品が手に入ることもあるんです。掘り出し物が見つかることもありますよ。

もともと、へろへろのどうしようもない服が好きな僕ですが、「途中でやめる」では「この服に色がのったらきれいに見えるだろうな」と思える色の服を選ぶようにしています。服の色を背景色やキャンバスの下地に見立てるイメージといいますか。あとは、服の両サイドを開いて解体して最後に縫い直すので、なるべく大きめのサイズを探すことが多いです。生地は厚いほうが毛糸や布がのりやすく作業がしやすいですよ。

そして、いい服が見つかったらいったん裏返して裏地を見てみることをおすすめします。生地が厚くなっている部分、二重に縫われているところなど、裏側は着用時に見えなかった情報が隠れていることが多いんです。裏地がめっちゃカッコいいなんてこともあるので、そういうときは裏返して裏側を表にして着ることも考えられますね。リメイク前の服の裏側チェックはぜひとも忘れずに。

ANDERSON UNIVERSITY
HOMECOMING
2016

準備

2 リメイクに使う素材を用意する

服と一体化しやすくはっきりとした色みの素材を、ベースになる服にプラスするのが「途中でやめる」流リメイク。服と素材の切り替え部分がわかりやすく、何かしら手を加えていることがわかるような素材をプラスします。実際にリメイクで使っている素材をいろいろ集めました。

シートフェルト

ベタ塗りをするように面を埋めるイメージで服に合わせます。使うのは１００円ショップの60㎝角強の大きめサイズ。小さいサイズもありますが、大きいほうがカットしやすく形のバリエーションも考えやすいです。リメイクする部分をすべてフェルトにすると手作り感が出てしまうので、上に毛糸をのせたり他の素材と組み合わせて使います。「途中でやめる」では、すべての服のタグ部分に丸くカットした黒いフェルトを付けているので、使用頻度が一番多い素材だったりします。

100円ショップのシートフェルトをよく使います。サイズと色のバリエーションがたくさんあるので重宝するんですよ。手芸店で販売しているフェルトは厚みがあってしっかりしていますが、値段が高いのでお好みで使い分ければいいと思います。

シートフェルトの付け方 p.70

好きな形にカットして使います。

アップリケ

本来は服に何かを付けること＝アップリケなので、ほとんどの素材がアップリケに分類されるのですが、この本では「カットしてバイアステープで囲んだ布」をアップリケと呼んでいます。Tシャツのプリントを隠したり文字の形にカットして縫い合わせるなど、布を使って新たなモチーフを作り服に縫い付けます。布の柄によってベースの服の印象を大きく変えることができるし、バイアステープでパイピングをすればデザインにアクセントが加わります。服と同じアップリケを、隣にいる人の持ち物に付ければリンクコーデ的な楽しみ方ができますね。シートフェルトをアップリケとして使ってもよいですよ。エルボーパッチにしたり、パンツのお尻部分に縫い付けてもかわいいかも。

布の大きさはお好みで。ロゴや文字を隠すときは一回り大きめにカットするとよいですよ。バイアステープで布の周りをぐるりと縫えば見栄えがぐんとよくなります。

アップリケの付け方
p.71

パッチワーク

フリマアプリやリアルのフリーマーケット、バザーでの出合い待ちです。シニア向けの商品を売っているチャリティショップで販売していることもあるので、チェックしてみるとよいですよ。自分で作ろうとすると、パッチワーク作りのほうが大変になり、服づくりどころではなくなるので要注意。大量に出品している人を見つけて購入することを強くおすすめします。大きさはどんなサイズでもOK。数がたくさんあるとふんだんに配置できてリメイクが楽しくなります。

こういうところに使います

大きさ、布の合わせ方がすべて違うので一つとして同じものがありません。布の柄が絶妙にいい味を出しているんです。

パッチワークの付け方
p.78

毛糸と同じ色のミシン糸を使うと完成度20% UPで最高です！　でも「途中でやめる」はこころざし低めなので白のミシン糸しか使っていません。

毛糸

くるんくるんの模様や文字を描くときに使います。服の上に置いたときに線が際立って見える、服と反対の色を選ぶと着用時にも目立ちます。手芸店の極太のアクリル糸を使ったこともありましたが、１００円ショップで販売しているアクリル糸の方が滑りがよく扱いやすかったので今はそちらを使うことが多いです。何かを付け加えたり、手を加えているな、というのが目に見えてわかるように仕上げたいときにもってこいの素材です。

毛糸の付け方
p.72

縫っているうちに毛糸とミシン糸と布が一緒になった感覚がつかめるときがきます。暗黙知ってやつです。

中古の品を買うと汚れやシミが付いていることがありますが、敬遠するのではなく、それらも含めてデザインと考えて取り入れるのもリメイクの楽しみ方。

レース

フリマアプリで「ドイリー」と検索するとたくさん出てきます。機械編みはもちろん、手編みのものが安く買えることに驚きますよ。ひざやひじに縫い付けた後に、当てた部分の服をカットするとその部分から肌がチラ見えしてカッコよく仕上がります。伸縮性があるのでむちゃなところに縫い付けられるし、しわにならないように注意しないと……、なんて考えなくていいのもありがたい。レースを服に付ける発想はなかなかないので、この方法が広がると楽しい服が増えるかもしれません。

こういうところに使います

レースの付け方
p.74

スカーフ

広げた状態で袖から背中にかけて広い面積に付けることが多いです。通常スカーフは折って使うことが多いので、せっかくリメイクで使うなら一枚絵のように柄が大胆に見える方法を考えたい、ということでこの付け方に。2~3辺を服に縫い付けるとカッコよく風になびいてくれます。イケてるデザインのスカーフはフリーマーケットで手に入りますよ。

一枚絵のように大胆に広げた状態で服に付けます。洗濯は手洗いかクリーニング推奨です。

スカーフの付け方
p.76

ハンカチ

スカーフとパッチワークの中間的な存在。ハンカチ自体のデザインをそのまま服にのせることができる便利なアイテムです。昔ながらの薄手のハンカチや装飾のあるデザインはフリーマーケットやバザーで手に入りやすいです。大きなサイズをカットしてアップリケのように使ったり、縁の飾りを袖や裾口の装飾として活用するのもありですよ。サイズや形に決まりがないので、四角のままでなく好きな形にしていろいろな服に合わせてみてください。

こういうところに使います

ハンカチの付け方 p.80

イラストが描かれているハンカチは存在感が出ます。レースがきれいなデザインも使いやすいですよ。

布類

酒瓶の形に切って縫い付けたり、まるTの丸部分として使ったり、Tシャツの両脇やパンツの両サイドにプラスして面積を増やすなど、いろいろな場面で活躍します。「途中でやめる」ではカラフルな色の綿生地を選ぶことがほとんど。ちなみに布が欲しいときは世界で一番安い日暮里に行くに限ります。質がいいのに安い生地がたくさんあるので、日暮里に通いやすい場所という条件で住むところを探したこともあります。行ったことがない方は、一度でいいから行ったほうがよいですよ。

布類の使い方 p.79、80

カットした端の部分はロックミシンをかけたいところですが、ほつれも含めて変化を楽しむと考えれば個人で楽しむ分にはそのままでもよいと思います。タオル生地など伸縮性のある生地も使えますよ。

その他の素材

ここまでいろいろな素材を紹介してきましたが、ようは何を組み合わせてもいいってことが言いたかったんです。極端な話、ビニールでもボタンでも紙でもぬいぐるみでも、服に付くなら何を使ってもいいと思うんです。オレンジ色をプラスしたいと思ったら、近くにあるオレンジ色の紙袋や雑誌の表紙をくっ付けたっていいじゃないですか。え、だめですか？ でもそのくらい柔軟に「これを使ったらどうなるかな？」と考えを巡らせてみるのもありだと思うんです。自分が着る服なんだから自分がよければいいわけだし、常識に当てはめて可能性を狭める必要なんてない、一般論ではなく自分がどう思うかを優先して行動してもいいはず。自分が楽しむための服装にダメなものなんてないんですから。

バイアステープは、アップリケの縁取りや直線的に縫ってアクセントとしても使えます。

バイアステープ
の付け方
p.77

どこかの外国の風景を再現した刺繍布。何に使おうか考え中。

フリーマーケットで購入した刺繍の花瓶敷き。張りがあって縫いやすいです。

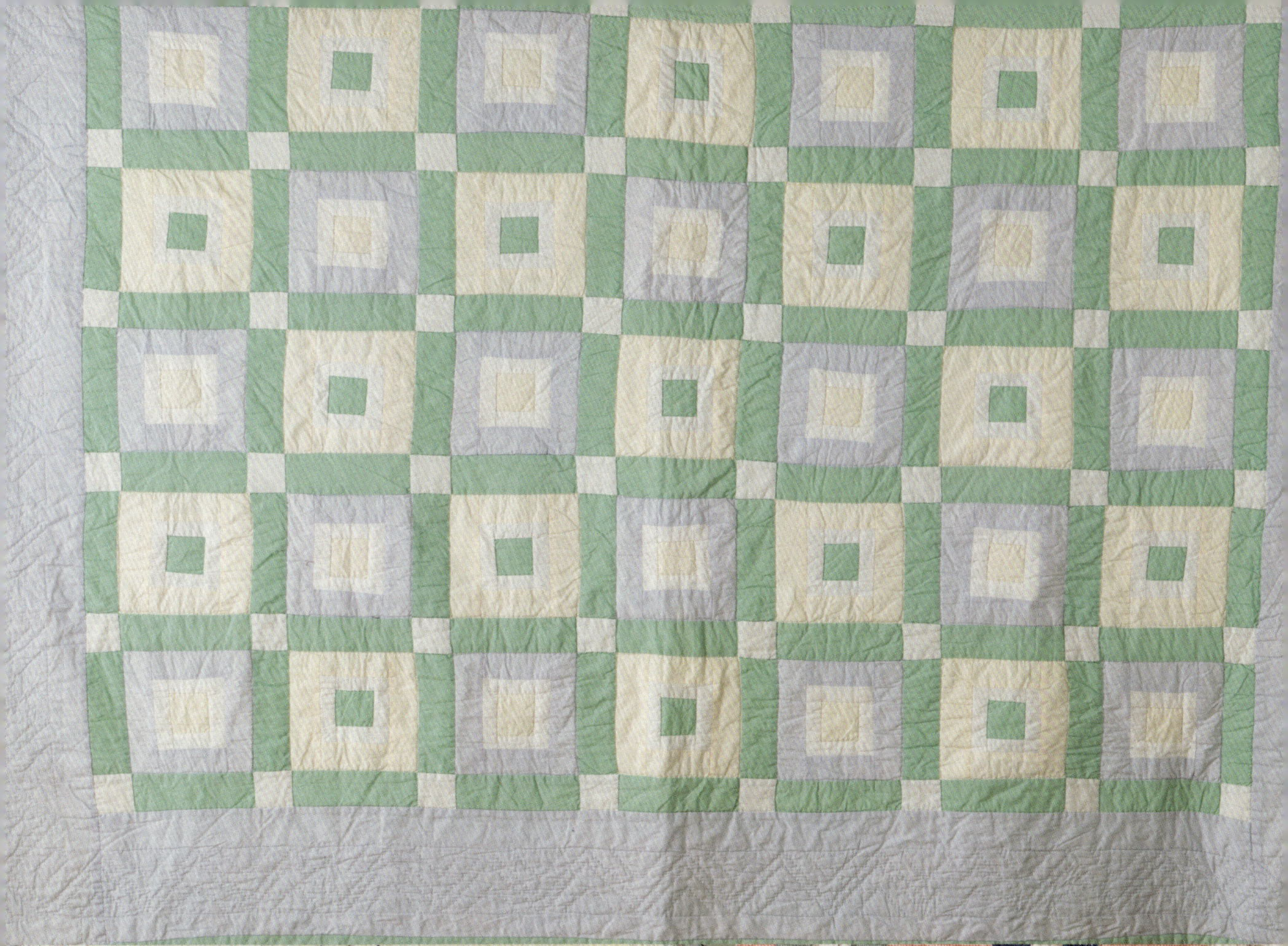

たまに大きなキルトが手に入ることがあります。誰かが使っていた気配を感じられるのがすごくいいんですよ。ジャケットの生地にしたり、カットして服に付けたり（もったいない！）、そのまま床に敷いてもいい味出してくれます。最後のはリメイクではないですが。

リメイク素材が手に入る場所

p.28 ～ 37 で紹介した素材を手に入れるならこれらの場所を探してみてください。家の中にあるものを使うもよし、掘り出しものを見つけに出かけるもよし。案外近くに掘り出し物が眠っていることもあります。いい素材に出合えたときはテンションが上がりますよ。

100円ショップ

シートフェルトや毛糸が手に入る、「途中でやめる」がものすごくお世話になっているショップです。全国どこにでもある身近さと手ごろな価格帯がわれわれの味方。チェーン店によって商品のラインナップが少しずつ異なるので、好みの品揃えの店を見つけておくと何かがあったときに安心できます。

家の中

見落としがちですが、意外なところで実家の押し入れが宝の山だったりするんです。裁縫箱の中に年季の入ったレースや使い残したバイヤステープが入っていたり、おばあちゃんの手編みのセーターや 80 ～ 90 年代の服が押し込まれているなんてことも。まずは使えそうな何かが収納されていないか、捜索してみましょう。

古着屋

ユーズド品を取り扱うイメージが強いですが、未使用に近い中古品やどこかから売られてきたような新古品が置いてあることもあります。狙い目は郊外にあるリユース企業のチェーン店舗。都会の店舗で売れ残った、きれいな状態の低価格カジュアルブランドの服が衝撃の値段で手に入ったりします。

バザー・フリーマーケット

パッチワーク、レース、ハンカチ、スカーフを手に入れるならぜひチェックしてほしい催し。全国各地で開催されているので、見かけたら覗いてみるといいでしょう。思いがけない掘り出し物に出合えることがありますよ。リサイクル品を販売するガレージセールやアンティーク市を訪れるのもよさそう。

インターネットで素材を探そう！

原作：山下陽光　漫画：コナリミサト

わ!! いろんな色や模様が 出てきたーーー!!
ずらっ
出品者が 手作りしたものも 多いんですよ!
レース編みドイリー
ハンドメイドドイリー、レース
スイート・ドイリー
ハンドメイドドイリー
レースドイリー
タティングレース
ハンドメイドレースドイリー
レース編みドイリー
この パッチワークとか いい味出してます
ハギレ布で ほっこりパッチワーク…♥
昭和の 味わいとも いいますか
自分では作れないし 作ったとしても何時間 かかるかわからないものが こんな安価で…!?
そう思うと値下げ交渉は なかなかしづらいですよね
あっ このビーズが 付いてるやつ かわいい!
ビーズは やめて おきましょう!
WHY!?
ビーズを 縫っちゃうと ミシンの針が 折れちゃうんです
BAKI!!
※手縫いならOK
それと サイズ確認は 念入りに しましょう
でか!!
どーん
届いたときに 「違う!」と トラブルにならない ためにも
欲しい素材がたくさんで 悩ましいです……
どの服に付けたいかを 考えて探すと イメージが湧きますよ
あれも これも かわちい…
リメイクする服と 組み合わせたときに 色や模様が 好みになる 品を選ぶといいです
手芸初心者の人は 小さめサイズが 使いやすいかも しれません

好きなものが見つかったら販売している人のページへジャンプ!
その人らしさが出ていて他にも欲しい品が見つかったりします
わ!! 全部好み!!
ハートマークのお気に入りを押すとまとめ買い依頼ができるかも
10枚セットで売られてる!
これなんかいい感じ!!
10枚組
コメント
では購入してみましょう
ぽちっと
購入
後日
山下さん!! 届きました!!
さっそく開けてみましょう!!
こんなに入ってるー!!
どっさり
実際に手にしてみると手作り感ビンビンでグッときますね!!
出品者によって作風が違うのがおもしろいんです
フォローすると最新情報が届きますし
好みの出品者を見つけたらリピートするのもおすすめですよ
同じ人から何度か買って「いつもありがとうございます」
なんてやり取りが始まったりするかも
こんなふうに手持ちストックを増やすと作るときの選択肢が増えますよ♪
ありがてええ～!!
ハートの嵐!!
では
よき手芸ライフを
がんばりまーーーす!!

作り始める前に……

リメイク友達を作る

例えば、ミシンの糸調子が合わないとき。
どうすればいいかわからなくて、とりあえずネットで検索してみる人、多いかもですね。
うまく縫えないから、その原因を突き止めようとするんだけど、
じつは糸調子ではなくて、ぜんぜん違うことが原因という可能性もあります。
でも一人で考え込んだり、ネットに頼る生活に慣れていると、
原因を突き止めることに集中しすぎてどんどん思考が狭くなり
周りが見えなくなってしまうんです。
そんなとき、友達がいたらどうでしょう。疑問を投げかけてみたらどうでしょう。
「そこが原因じゃないよ」と一発で言い当てたり、
自分が気付かなかったところを見てくれたり、
原因がわからなくても別の直す方法を探してくれたり、
いい角度で探し当てて、不調のアドバイスをくれるかもしれません。

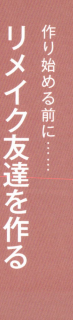

それは服のデザインにも言えて、リメイクした服の出来栄えについて
本当のところはどうなのかを教えてくれる。

ビミョウな仕上がりなのに、気を使って「いいね」と言ってくれる人より、
すっごい変なのを正直に「変だよ」と言ってくれる人ってものすごく貴重なんです。

視野が狭くなりがちなときこそ、客観的に見てくれる周りの意見って大事なんですよね。

そんな感じで、同じこころざしの人がいるといいんですよ。

ぜんぜん知らない技術を教えてくれたり、「発表会までにこれを作ろう!」と同じ目標に向かって行けたり、
手作り仲間がいるのはとても心強い。相手に気付いてもらえるし、自分自身の気付きもある。

あと、一緒に何かをする仲間がいるのって、単純に楽しいです。

80歳のおばあちゃんと25歳の男の子が友達になることだってあるんです。

友達がいない人は、ひとまず近くの手芸店に行って、
そこにいる人に話しかけてみてはどうでしょうか。

通いまくって話しまくると、やけに親身になってくれる人がどこかしらにいるはず。

そういう人とつながって輪を広げていきましょう。

つまりここで言いたかったことは、忘れていた手芸店を思い出せ!ってこと。

見出しと違うところに着地していますけどいいですよね。

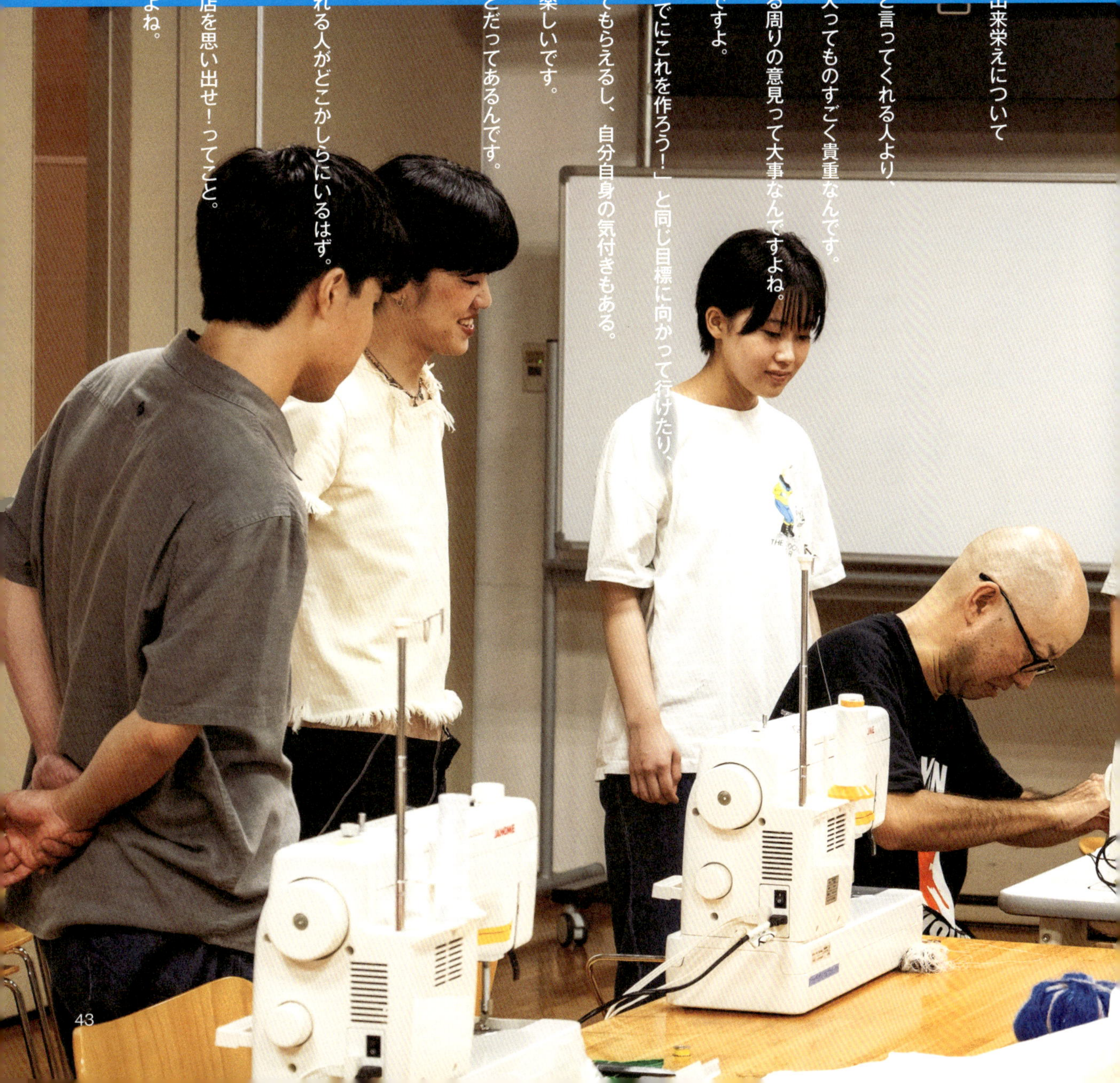

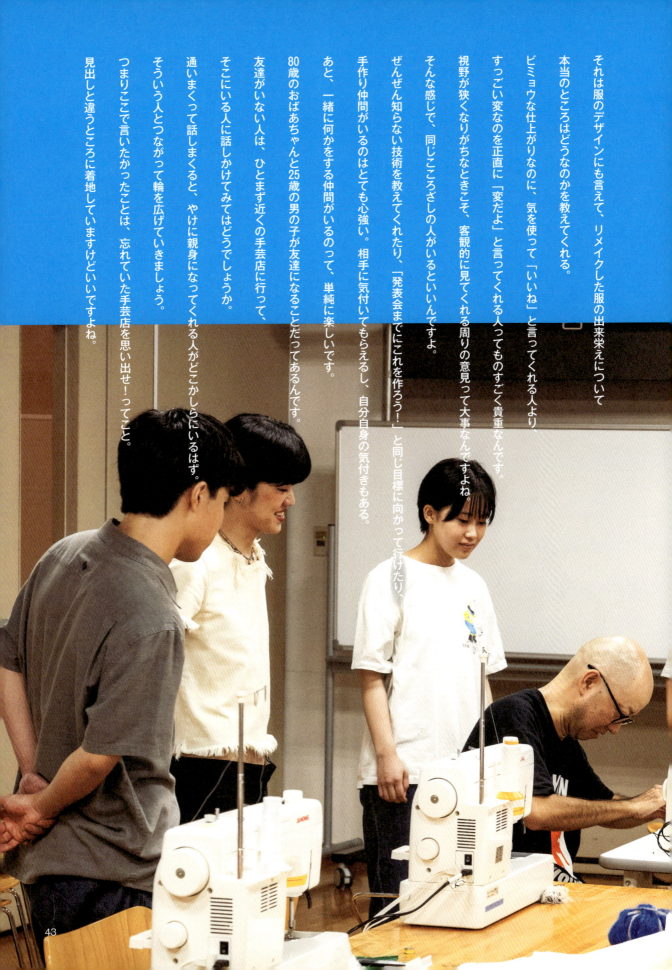

準備

3 道具を用意する

これらがあればリメイクが始められる、という道具です。いろいろ書いていますが、ミシンとリッパーがあれば安心できます。ミシンは縫う、リッパーは糸をカットする。それさえ覚えておけばひとまずOKです。

リメイクに使う道具

ミシン

素材を縫い付けたり、解体した服を元に戻す時に使います。返し縫い機能と糸切りがあればよいですね。押えを上下できるひざ上げレバーがあるともうれつに便利です。

職業用ミシンについて p.46

リッパー

服の縫い目をカットするときに活躍します。はさみよりも小回りがきいて使い勝手がよいので、登場する頻度が自然と多くなります。小さいので布に埋もれて見失いがち。

裁ちばさみ

布を切ることに適したはさみで、服を解体するときに使います。布以外のものを切ると切れ味が落ちるので注意。

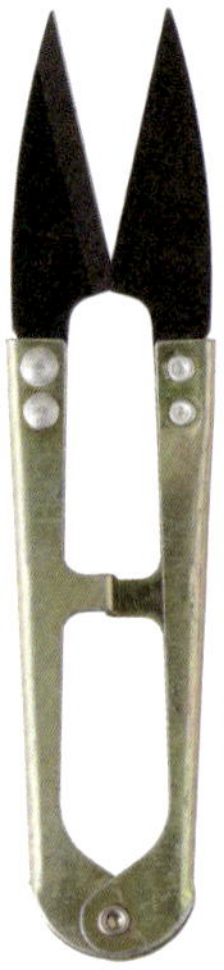

糸切りばさみ

ミシンの糸や服から出た糸を切るときに使用。細かい箇所を切るときに持っていると便利です。

まち針

服と素材を固定するときに使用します。刺す方向は布に対して垂直がよいですが、作業しやすければ自由に刺してもよいと思うのです。どんなに注意しても指に刺さってしまうので、くれぐれも注意して使ってください。

ピンクッション

まち針を刺しておく針山。ベルトが付いているアームピンクッションは手首に着けられて便利。

アイロンとアイロン台

服やリメイクに使う素材のしわや折り目を伸ばすときに使います。ミシンを使う前に生地にアイロンをかけておくと縫いやすくなりますよ。

ボビン

ミシン糸を巻き、ミシンの説明書通りにミシンにセットして下糸として使います。

ミシン糸

ミシンで縫う時に使う糸。滑りがよいニット用の糸を使うのがおすすめです。布の色に近い色を選ぶことが多いですが、「途中でやめる」では白色を使うことがほとんど。下糸（ボビン）にも同じ色を使います。

マジック

布に型を描いたり合印を付けるときに使います。チャコペンを使ってもいいのですが、洗濯しても色が落ちないマジックを使うことで自分の服という感じが出て愛着が持てるような気がしています。持っている人はチャコペンを使ってもいいですよ。

ラムネ

疲れた時に食べると頭がシャキッとするんです。作業のおともにおすすめ。

職業用ミシンを使っています

「途中でやめる」のリメイクでは、ミシンが必須です。真っすぐ縫う作業がほとんどですが、パワーとスピードがあるので作業効率が上がるし完成度が上がるので「持っていない人は手縫いでもいいです」とはなかなか言えないんです。てことでミシンを持っていない人はまず買ってください。それか誰かに借りてください。

途中でやめるでは、職業用のミシンと工業用のミシンを併用しています。僕にとってミシンは、自分の体の一部のような、延長線上にあるような存在。暗黙知ですけど、使い続けているうちに調子がいいときはどんどん縫えるし、調子が悪いときは「そろそろ壊れそうだな」とか「やっぱ針折れたよね」と動かなくなるタイミングがわかったりします。相棒というより体の一部、生き物感があるんです。

そのくらいの関係性になるのはかなりの時間がかかり難しいと思うのですが、ミシンに慣れるには「とにかくたくさん縫う」のが一番。縫って縫って、ひたすら縫ったら何年後かには買いたてのときよりは慣れているはずなので、だまされたと思って縫いまくってみてください。

TL-30DX（シュプール 30 デラックス）

直線にこだわった本格派職業用ミシン。どんな素材でも、きれいで安定した縫いが実感できます。工業用ミシンの機構を採用することにより、常に安定した縫いを実現し、プロはもちろんご家庭でも“ミシンキルト”“ホームソーイング”が楽しめる頼れるミシンです。（JUKI の HP より抜粋）

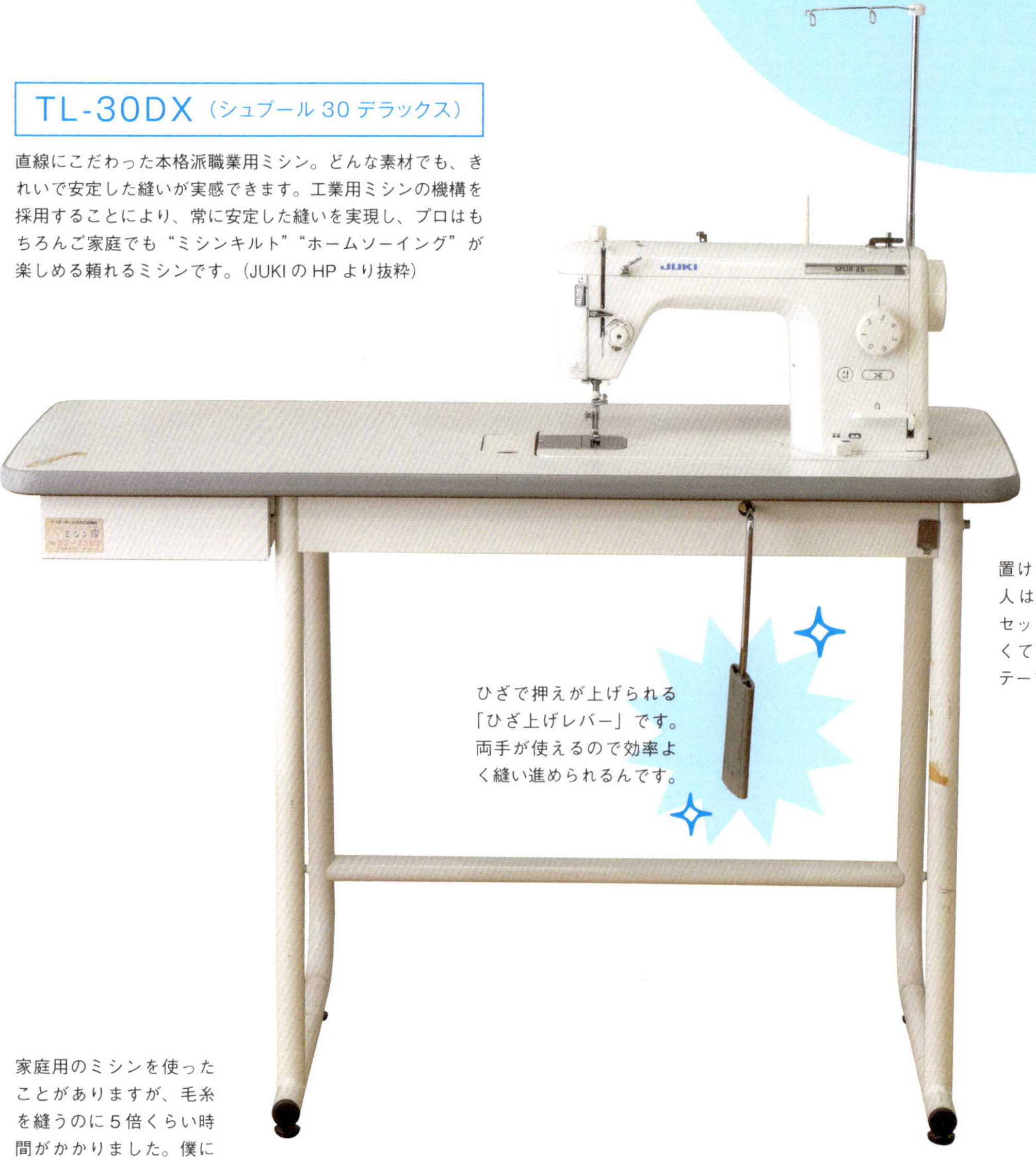

置けるスペースがある人は専用テーブルにセットすると使いやすくてとても便利です。テーブル最高。

ひざで押えが上げられる「ひざ上げレバー」です。両手が使えるので効率よく縫い進められるんです。

家庭用のミシンを使ったことがありますが、毛糸を縫うのに5倍くらい時間がかかりました。僕には家庭用ミシンが使いこなせないのかも。

こんなミシンもありますよ

家庭用ミシン

ユーザーが安全に操作しやすいように設計されたミシン。コンピューターミシン、電子ミシン、電動ミシンに分類され、直線縫いの他にジグザグ縫いなどいろいろな縫い方ができます。

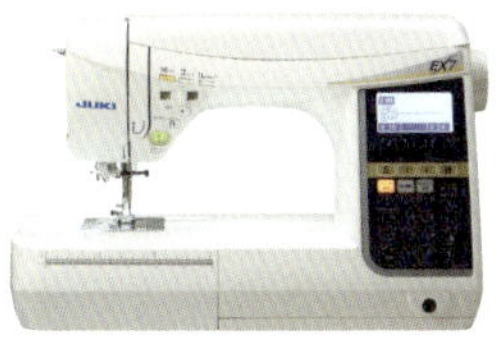

ロックミシン

かがり縫い（布端がほつれないように縫う）専用のミシン。切った布の裁ち目がほつれないように、糸でくるむように始末します（「途中でやめる」でも使用）。きれいに仕上がります。

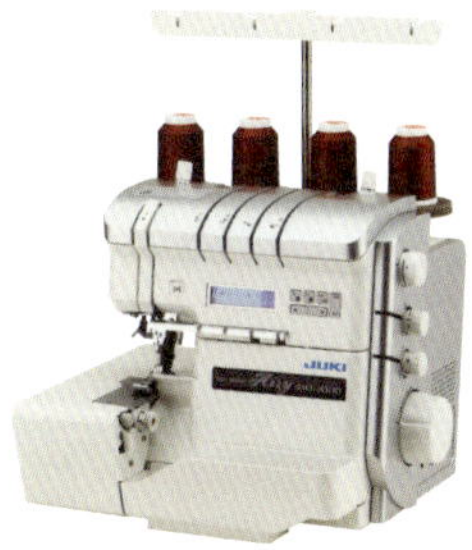

職業用ミシンでできること

名前に「職業用」と付いていますが、家で使われることが多いミシンです。初めての人には少しハードルが高いかもしれませんが、使っているうちに慣れますのでぜひともトライを。

直線縫いができます

ほとんどの職業用ミシンが直線縫いに特化した仕様。縫うスピードが速く、安定した美しい縫い目に仕上がります。基本的に直線しか縫えませんが、「途中でやめる」のリメイクは直線しか縫わないので、むしろ特化しているほうがシンプルで使いやすいんです。

厚手の布も縫えます

馬力があるので厚手の生地が縫えます。2枚以上の布を縫い合わせる時にも活躍しますよ。この本では厚めの生地は出てこないのですが、デニムや帆布といった分厚い生地を縫うときは、説明書などで針や糸の太さをチェックするようにしてください。

とても丈夫！

職業用ミシンは堅牢な作りのため寿命が長いといわれていて、日ごろのメンテナンスを行いていねいに使い続ければ20年近くもつこともあるそう。使い終わったら糸くずやほこりを取り除いてからしまってください。定期的に掃除をしたり、壊れた箇所の部品交換も忘れずに。

ざっくり

ミシンの使い方

下糸を準備する

所定の方法でボビンに糸を巻く。

上糸をセットする

押えを上げ、針を上げる。糸立て棒に糸をセットして糸こま押さえをかぶせ、案内通りに上糸をかける。押えを下げて針に糸を通し、後ろに5㎝ほど糸を引き出す。

ボビンをセットする

押えを上げてボビンを内がまに入れる。指で押さえながら糸を所定の溝にかけ、糸を後ろに引き出す。

布をセットする

押えを上げて布をセットし、押えを下げる。生地を両手で押さえながらミシンを稼働させる。

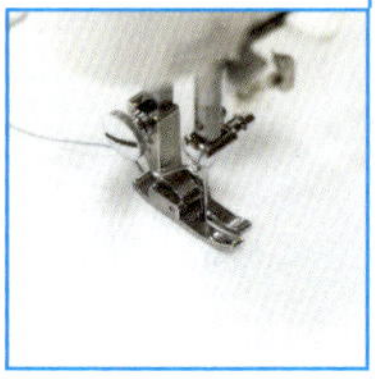

縫い始め

布の端に針を刺し、押えを下ろす。1㎝ほど縫ったところで返し縫いボタンを押し、返し縫いをして縫い始めに戻る。ボタンを離してそのまま前方に縫い進める。

縫う方向を変える

角まで縫ったらミシンを止める。針を刺したまま押さえを上げ、縫い進める方向が手前にくるように布の向きを変える。方向が定まったら押えを下ろし、所定の位置まで縫い進める。

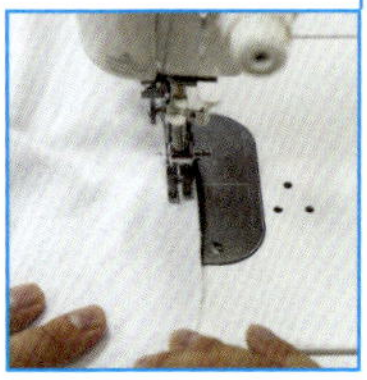

縫い終わり

縫い始めと同様に、縫い終わりも1㎝ほどを返し縫いをする。

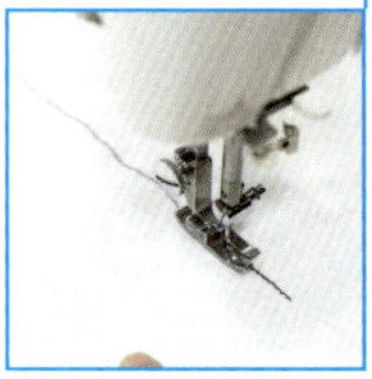

ざっくり

ミシン Q&A

Q ミシンで縫った部分の糸がとれてしまいます

A　ミシンの糸調子が合っていないのかも。糸調子ダイヤルで微調整するか、下糸からもう一度合わせてみてください。詳しくはミシンの説明書を読んでね。

Q 家が狭くミシンをしまう場所がありません

A　しまわないで出しっぱなしにしてはどうでしょう。「今日は何かを作る日」と決めてみたり「何日までに誰かに作ってげる」と宣言してとにかくたくさん作ってみる。出しておけば自然と場所が生まれて、作る習慣もできそう。でも、しまう場所がないからといって小さいミシンを買うという考えは避けましょう。

Q 中古品でもよいですか？

A　よいと思います。中古は新品より早く壊れる可能性が高いので、少し高額でも保証がある商品を買うことをおすすめします。保証がないと修理代が高くついてしまうことがあるので、購入前に確認をしておくと安心。説明書もあるといいですね。

Q 中古ミシンはどのくらいもちますか？

A　けっこうもつんですよ。ていねいに使えば長持ちするし、壊れる箇所はだいたい決まっているので、メンテナンスをしながら上手に付き合っていけばいいんです。僕のミシンも中古です。そういえば最近壊れました。

Q ミシンの縫う速度が速くてこわいです

A　フットコントローラーをゆっくり踏めば大丈夫です。そっと踏んでみてください。いらない布で縫う練習をたくさんすればそのうち慣れますよ。

Q 手縫いではダメですか？

A　うーん。ダメではないですけど、作業時間が100倍かかります。手紙とメッセージアプリくらいの差があります。それはもう雲泥のアレ。ミシンのほうがダントツで早いし強度もあるしきれいに仕上がります。手縫いのステッチをデザインとして使うのはありですが、その他の場所で使うのはあまりおすすめできないです。

Q ミシンの値段が高いです

A　はい。ですよね、そう思います。でもそれはもうがんばって買うしかないです。使わなくなったら売れるので「借りている」と考えるのもよいかもしれません。中古で買ったら、買った時と同じくらいの値段で売れます。あとは持っている人に貸してもらうのもありですよ。

ミシンが体験できる場所

ミシンを使ったことがない人は、手始めにミシンに触る体験をしてみてもよいかもしれません。以下の場所に置いてあるのは家庭用ミシンが多いのですが、ミシンの動きや構造を知るだけでもテンションが上がって何かしら作りたくなるかも。

イベント

ミシンメーカーが主催する講習会やお試し会。全国の販売店で定期的に開催されています。著名な先生に基本を教わったり、社内の人がレクチャーしてくれたり、初心者から経験者までさまざまな段階の人に合うミシンを探せます。

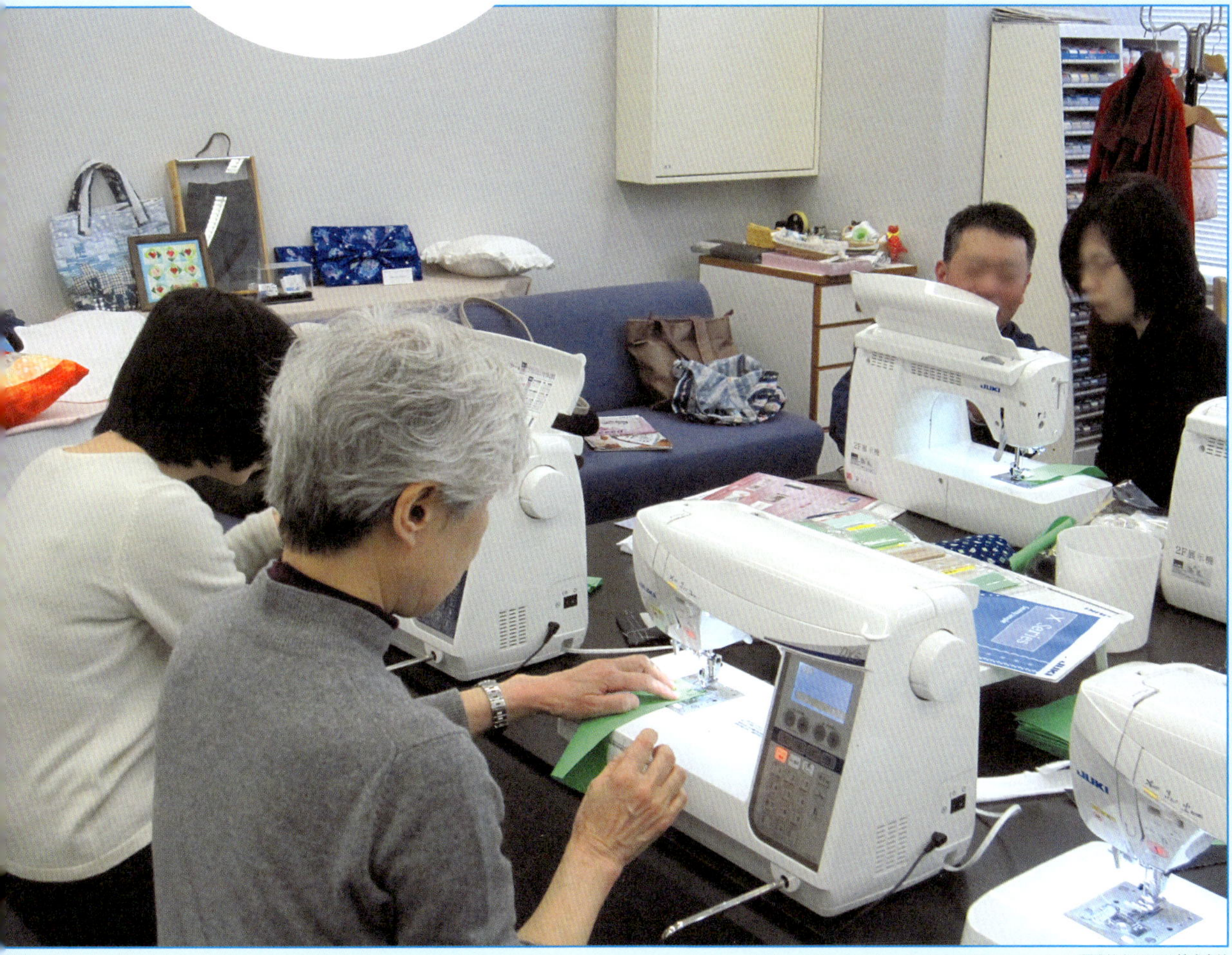

写真協力：JUKI 株式会社

ミシンカフェ

自由にミシンが使える場所として、ミシンが使えるスペースが併設されたカフェが増えています。予約制の時間貸しの料金設定で、自由にミシンが使えるシステムのお店が多いです。アドバイザーがいる場合は、わからないところを教えてもらえるかも。

ミシンレンタル

専門店をはじめ、手芸店やメーカーが短期間のレンタルを行っています。中には１か月くらい貸し出してくれるところも。家まで送ってくれるので、購入する前に試しにいろいろな機種を使い比べてみるのもよいかも。「ミシン　レンタル」で検索してみてください。

手芸店

ミシンを販売している店舗では、デモ機を設置していたりワークショップが開かれることがあります。服づくりの体験レッスンを開催する店もありますので、ミシンに触れてみたいときは近くの店舗をチェックしてみてください。

何回失敗できるか?
10回じゃ甘い甘い。
最初から成功するわけないんだから
100回の失敗を目指しましょう。

さて、いよいよ実践です。
服に実際にはさみを入れて切るのは勇気がいります。
「失敗したらどうしよう」
大丈夫です。バンバン失敗して
たくさんの失敗を重ねましょう。
誰も最初から成功しませんし、
僕だっていまだに大失敗することがよくあります。

失敗の中から次の成功を見つけなくて大丈夫です。
どうせ成功しないから。
何回も何回も失敗して、本気で嫌になったり、
無駄になった山を見たときに
初めて少しだけ可能性ってやつが見えてきます。

ポケットを外したり、脇を開いたりしたら、
完成の状態の服が見えてきます。
ここに何を足して、引いたらいい感じになるのか。
めちゃくちゃワクワクしてきましたねぇ。

切るぞ、縫うぞ! 解体だ、解体だ!

Step 2

途中でやめない ごまかしリメイク術

「途中でやめる」流リメイクの手順、手法、服づくりのノウハウをすべてお見せします。隠すところなしの全公開ですよ。一般的なリメイク方法とは違う部分があるかもしれませんが、リメイクや服づくりのプロセスは一つではないので、いろいろなやり方を試してみてください。自分がよいと思えればそれでいいんです。まずは一着作るところから始めてみましょう。

リメイクの手順

服を解体して、ポケットがあったら取り外して、解体した服にリメイク素材を付けたら服を元の形に戻す。「途中でやめる」のリメイクはシャツからパンツ、ジャケットまですべてこの手順で行います。作業自体はシンプルですが、慣れるまでは時間がかかって難しく感じるかも。何着も作ればそのうち慣れて楽しくなると思いますよ。レッツトライです。

1 リメイクする服を解体する⇒ p.56

リメイクのベースになる服をミシンで縫いやすい形にするために、縫い糸をカットしたり一部分の縫い目をカットします。リッパーと裁ちばさみを使って遠慮せずどんどん解体していきましょう。

2 ポケットを取り外す⇒ p.66

パーカーのフロント部分や、シャツの胸に付いているポケットは最初に取り外しておきます。最後に元の場所に縫い戻すので、なくさないようにとっておいてください。

3 服に素材を付ける⇒ p.69

お好みのリメイク素材を、解体した服の好きな場所によき感じで配置してミシンで縫い付けます。どんな素材をいくつ配置してもOK。おすすめの素材や付け方を紹介していますので見てみてください。

これはどうかな

レースとか
いいんじゃない
これに決まり

こんな感じもありかな

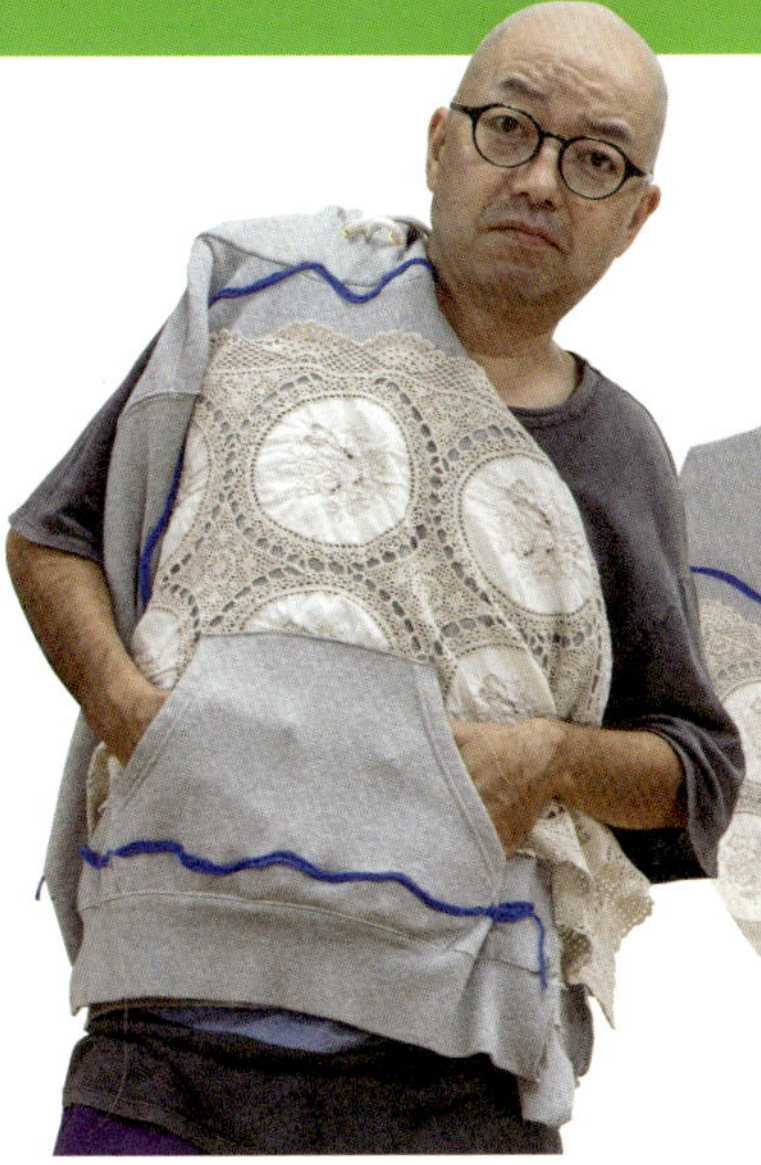

4 ポケットを元に戻す⇒ p.86

[2]で取り外したポケットを元の位置に戻す工程です。戻す部分に[3]の素材が付いている場合は、素材の上からポケットを付けると、もともと素材が付いていたようなデザインに見えて、がぜん見栄えがよくなります。

毛糸も付けてみたよ

戻しながら
脇を広げてみました

5 服を元の形に戻す⇒ p.88

解体した服を元の形に戻します。[1]でカットした縫い目を戻すように縫って服の形にします。服に近づくにつれて縫いづらくなっていきますが、平面から立体に戻っていく過程が楽しいですよ。

どうでしょう

完成

これで準備完了です
さっそくリメイクを
始めましょう

作業に入る前にレッツトライ

服を解体してみよう

ほとんどの人が、服を解体した経験がないのではないでしょうか。「着古した服やタオルを小さく切って雑巾にしたことがあるわ」という人はいるかもですね。「途中でやめる」のリメイクは、まず服を解体するところから始まります。この本でいうところの解体とは〝服をミシンで縫いやすい状態に広げること〟。パーツをばらばらにするということではなく、立体的な3次元の服を2次元の平面に戻す作業をさします。服にはさみを入れたり、リッパーで糸をカットするので「なんとなく抵抗がある」という人もいると思います。そういう場合は作業に入る前に、どんな服でもいいので試しに一度解体してみましょう。一度体験すればそれが経験値となり、2回目以降（本番のリメイクのとき）のハードルがぐんと下がります。解体することに慣れて！とまでは言いませんので、まずは一度手を動かして勇気を出してはさみを入れてレッツ解体、一緒にやってみましょう。

このように服を解体する工程から始まります。

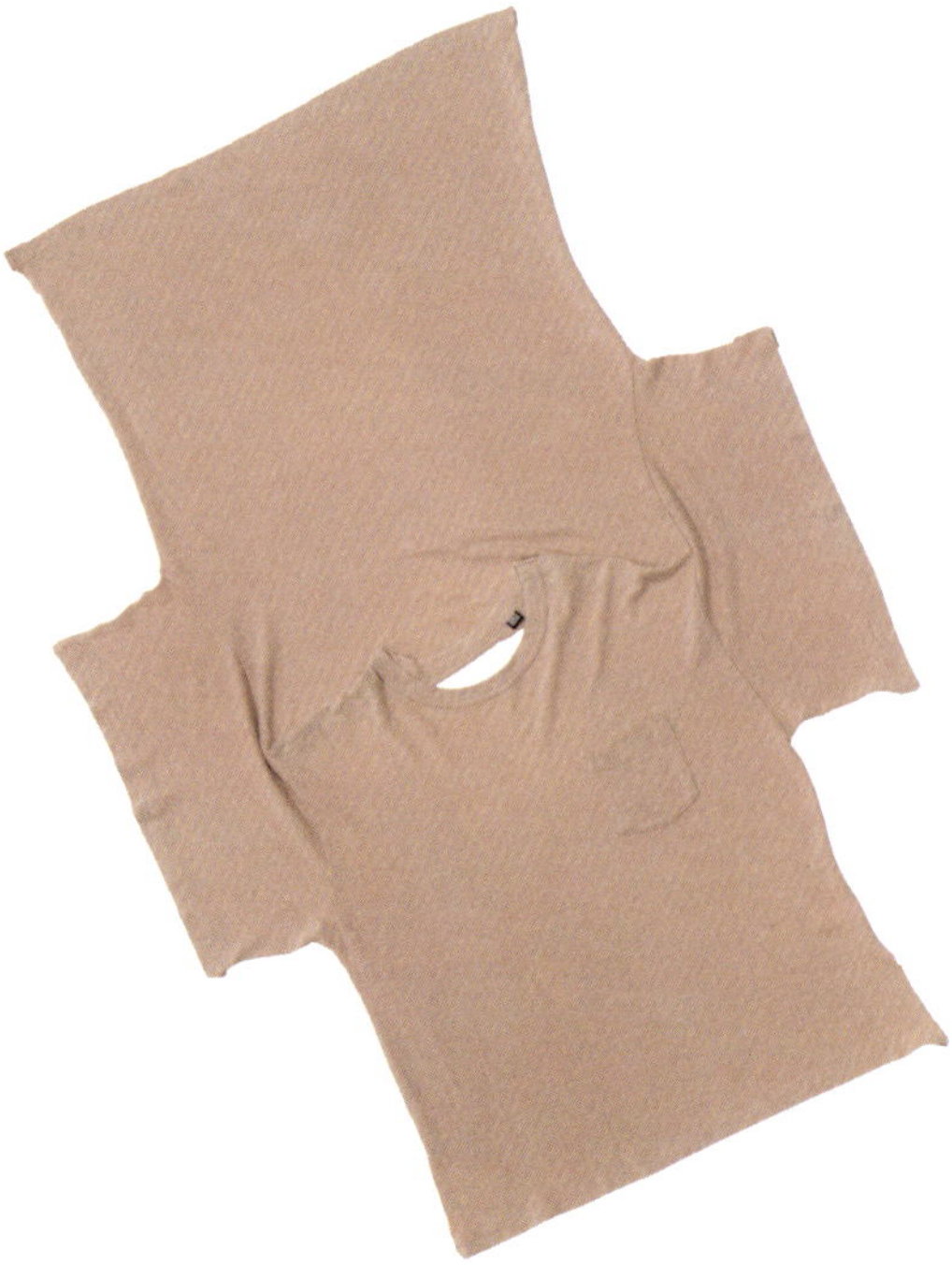

ミシンを使ってみよう

ミシン、持っていますか？ 使っていますか？ 持っているだけですか？ 持っていても最近使っていなかったり、人から譲り受けたままクローゼットの奥底にしまい込んでいる、なんて人がいましたら今こそミシンチャンスです。

ミシンを使う場面として服づくりが浮かびますが、服を一着作るとなると、型紙を作って、布を切って、あれしてこれして、一着完成させるまでにそこそこ時間と手間がかかりますよね。それを考えただけで腰が重くなり、またミシンから遠ざかってしまう。そんなときに、「途中でやめる」のリメイクを思い浮かべてください。

リメイクならば、ベースになる服がある状態からスタートするので、最初のハードルが低く、手間をかけずに好みの服が完成する寸法です。どうです、いいでしょう。挑戦してみたくなったでしょう。

何はともあれ眠っているミシンを揺り起こしたら、手始めに試し縫いをしてみましょう。家庭科の授業以来使ったことがないという人も、記憶をたどってまずは直線縫いから。糸のかけ方や手の添え方に戸惑ったり、オイルが切れていたり糸の調子が合っていないなんてことが絶対に起こります。不具合が出てきたらその都度解消していけば万事OK。5メートルくらい直線縫いができたらばっちり準備万端です。

ミシンを持っていない場合は持っている友達に借りたり、近所の人にお願いしたり、学校のものを借りたり、手芸店で体験してみるのも手かも。案外身近なところに持っている人がいるものです。

家庭科の授業以来ミシンに触っていない人も多いかもしれませんね。

1 リメイクする服を解体する

さあ、いよいよ始まりますよ。リメイクは、服を解体するところからスタートして、素材を付ける工程に続きます。最後に元の形に戻す際に、最初よりもタイトに仕上がることがありますので、ベースになる服はゆったりとしたシルエットのものを選んでおくと安心ですよ。

Tシャツ・スウェットを解体する

伸縮性のある生地で作られていて、長袖や半袖、薄手や厚手などいろいろなタイプがあります。解体の手順はどれも同じで、裾から袖口までの縫い目をカットして、平面になるように開きます。リブ袖が付いている部分の縫い目はそのまま残しましょう。トップスの基本ともいえる形なので、

解体の手順を覚えておくと他の服にも応用ができます。解体する最初と最後の部分は、リッパーで糸をカットするていねいな手順を紹介していますが、面倒くさかったらはさみで全部切ってしまうのもありですよ。むしろ、初めての人は全部切ってしまってもよいかもしれませんね。

- - - 部分を切ります

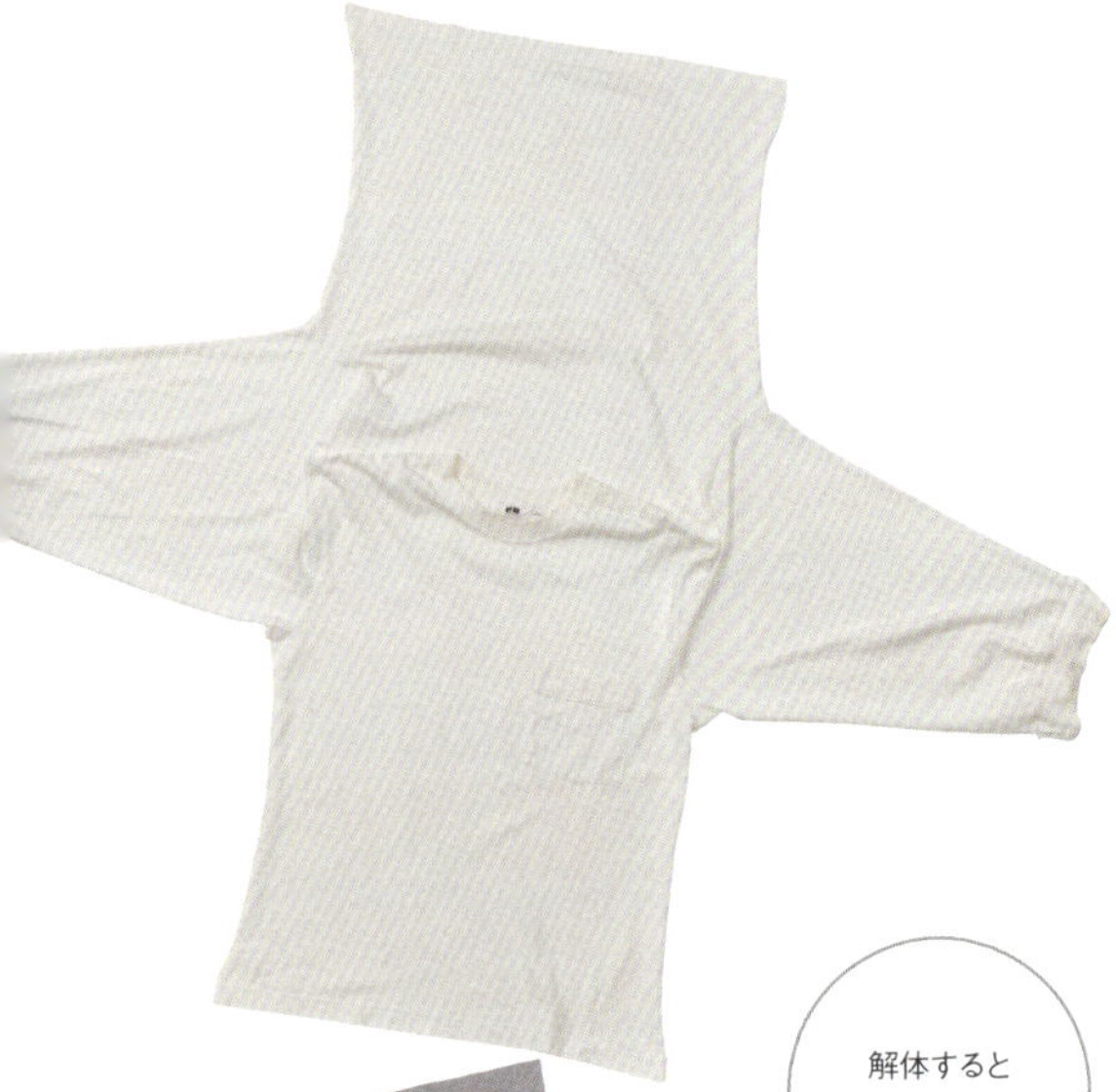

解体するとこうなります

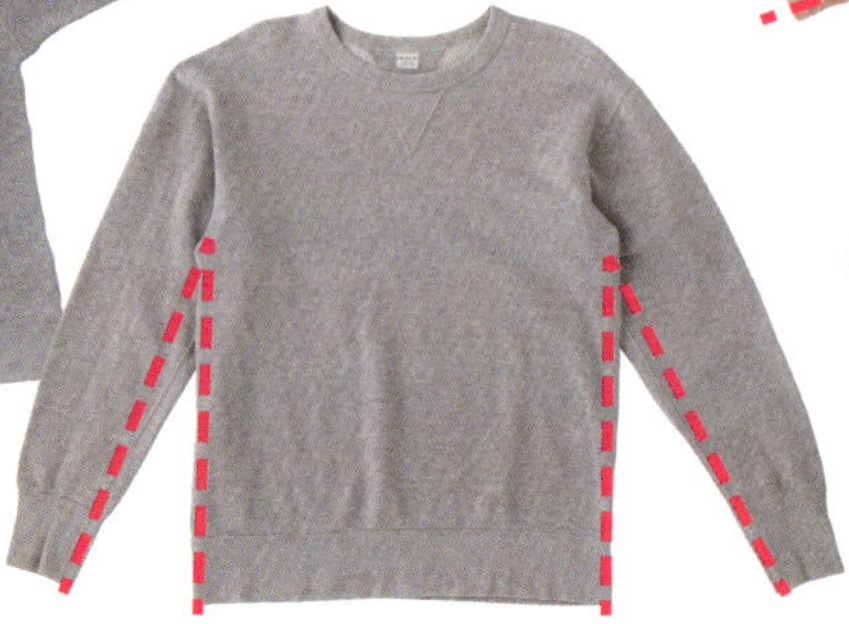

4 袖口にリブが付いている場合はそのまま切りましょう。使いやすければリッパーでカットしてもよいです。反対側も同様に切ります。

5 ❸で切った部分（❷より上の縫い代）を❶の袖口まで切ります。

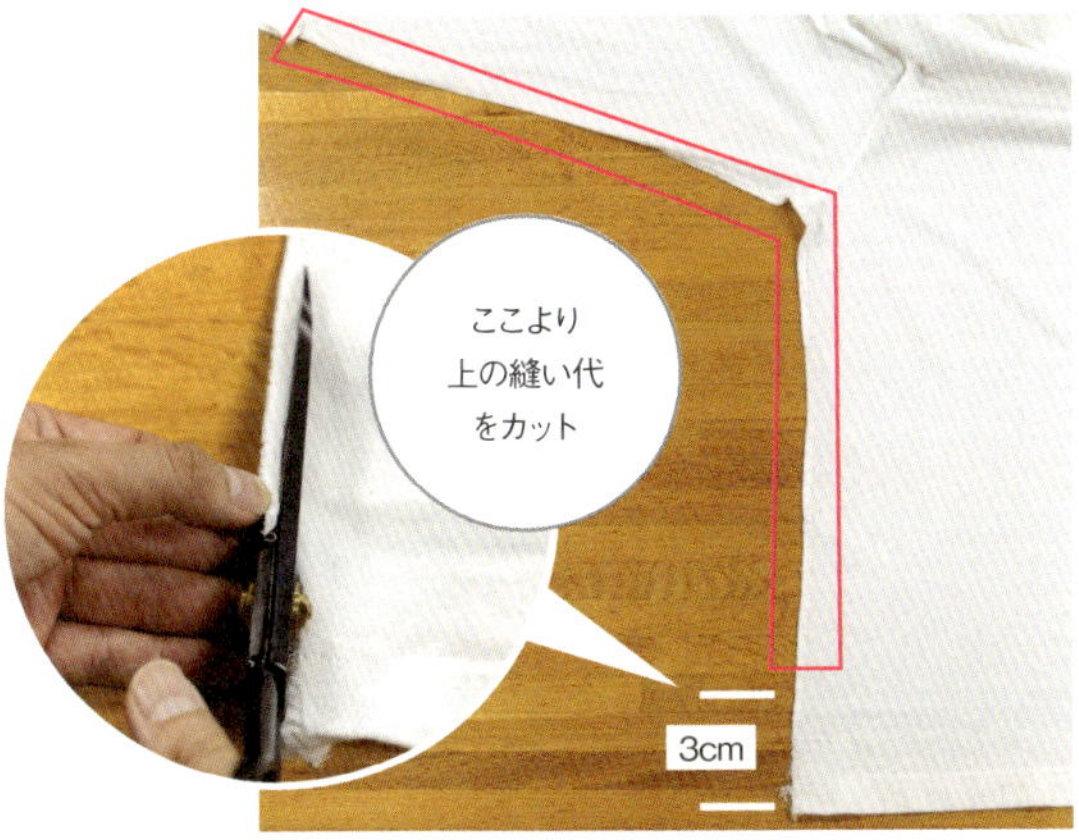

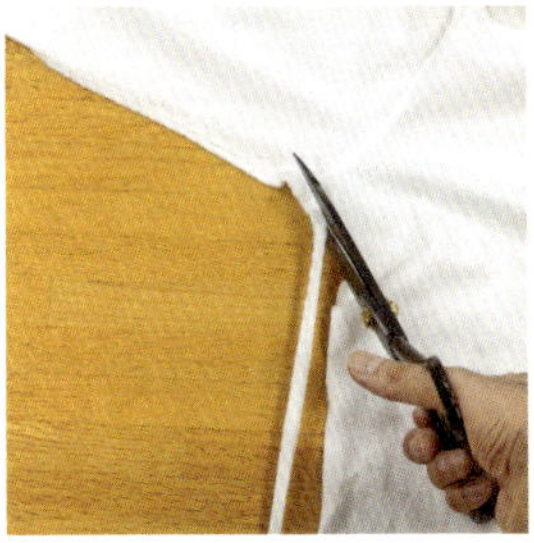

脇下はカーブに沿って進めます。

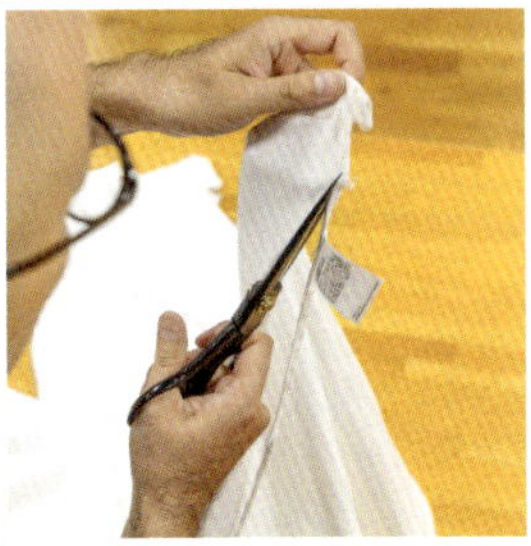

品質表示タグも一緒に切ってしまいましょう。

縫い代を切りました。反対側も同様に切りましょう。

解体の仕方

前身頃と後ろ身頃を切り離すように、裾から脇、袖口までの縫い糸をカットします。

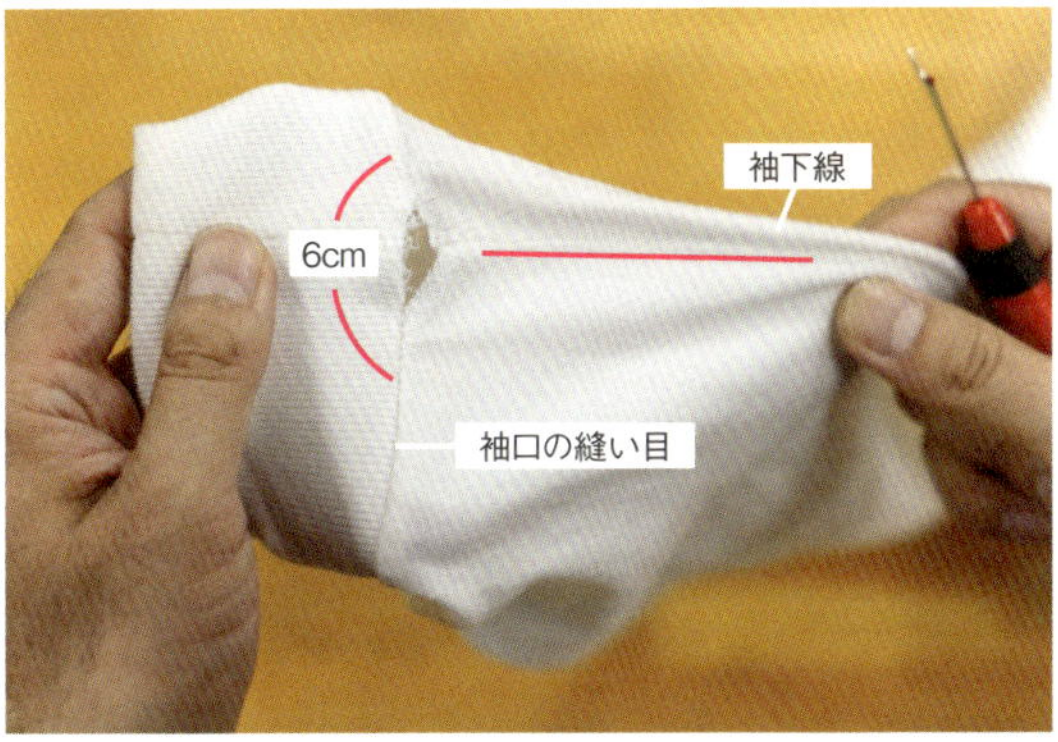

1 袖口の縫い糸をカットします。袖下線と袖口の縫い目が交差する箇所を中心に、縫い目を6cmほどリッパーでカットします。

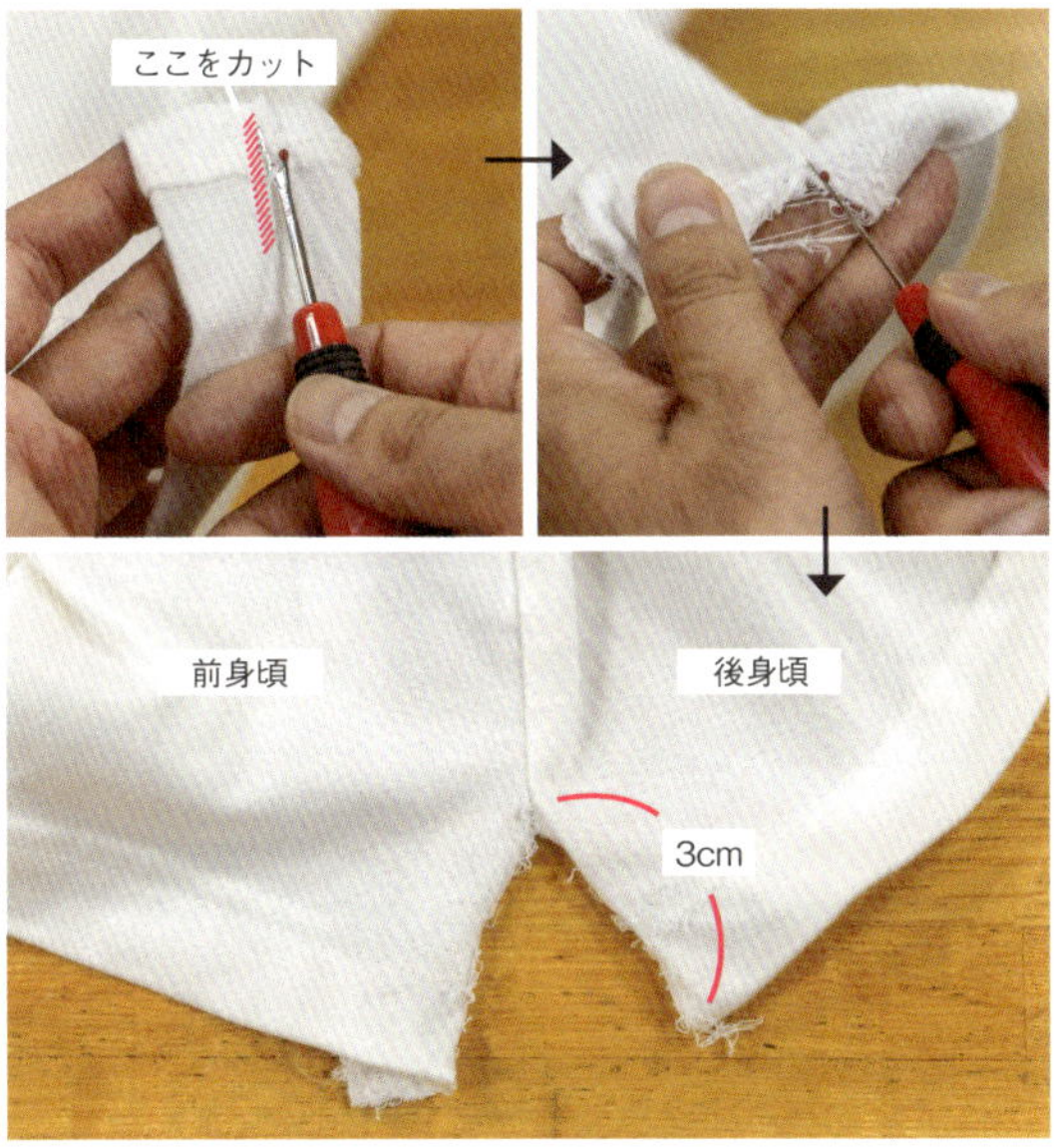

2 裾の縫い目をカットします。前身頃と後ろ身頃の縫い目にリッパーを入れ、裾から3cmほど縫い目をカットします。

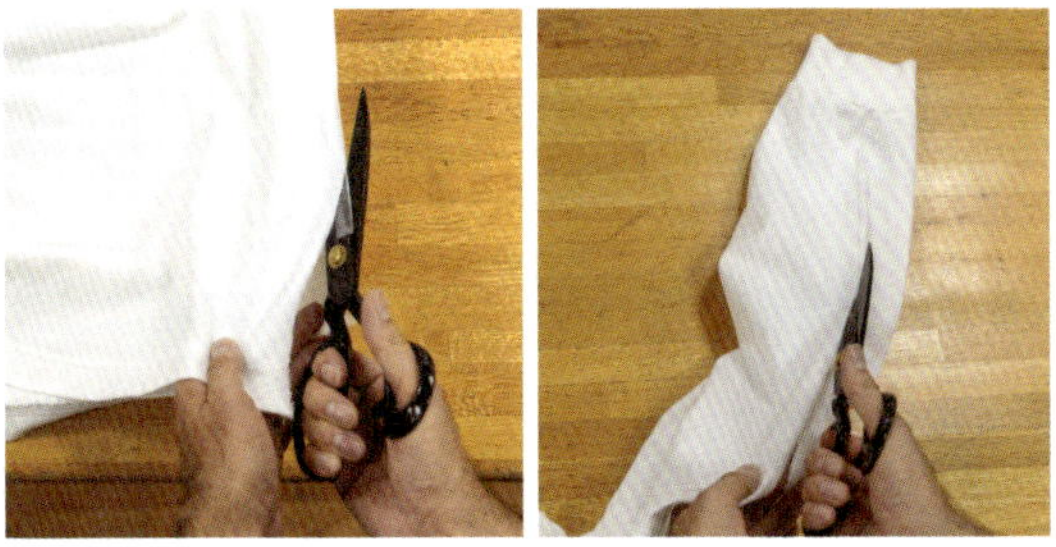

3 ❷から裁ちばさみを入れ、縫い目に沿って❶の袖口まで切ります。縫い目にはさみを添わせながら進めるときれいに切れます。

次はポケットを取り外すよ⇒p.67へ

前開きのシャツを解体する

伸びない生地が多いシャツ。破れやすいので、ていねいに糸をほどいて解体することを心掛けてください。解体の手順はTシャツと同様に、裾から袖口までの糸をカットします。この部分を開くと、立体だった服が平面の布に戻り、素材が配置しやすく、ミシンで縫いやすくなります。袖から脇まで模様がまたげたり、くるんくるんの毛糸が格段に付けやすくなりますよ。薄い生地は失敗しやすいのでなるべく選ばずに。どうしても使いたい場合は、リッパーや糸抜きでていねいに糸をカットして時間をかけて解体しましょう。ボタンを開ければ平べったくなり、解体しなくても縫いやすい形になりますが、初めての人や経験が浅い場合はとにかく、解体してからリメイク！の手順を徹底しましょう。そのほうがいろいろできて本当に便利だから。慣れてきたら「開けなくてもいい！」となるかもしれませんが、まずは慣れが必要ってことです。

部分を切ります

解体するとこうなります

❸ ❷で切った部分の縫い代を、❶の袖口まで切ります。

縫い代だけを一直線に切ります。

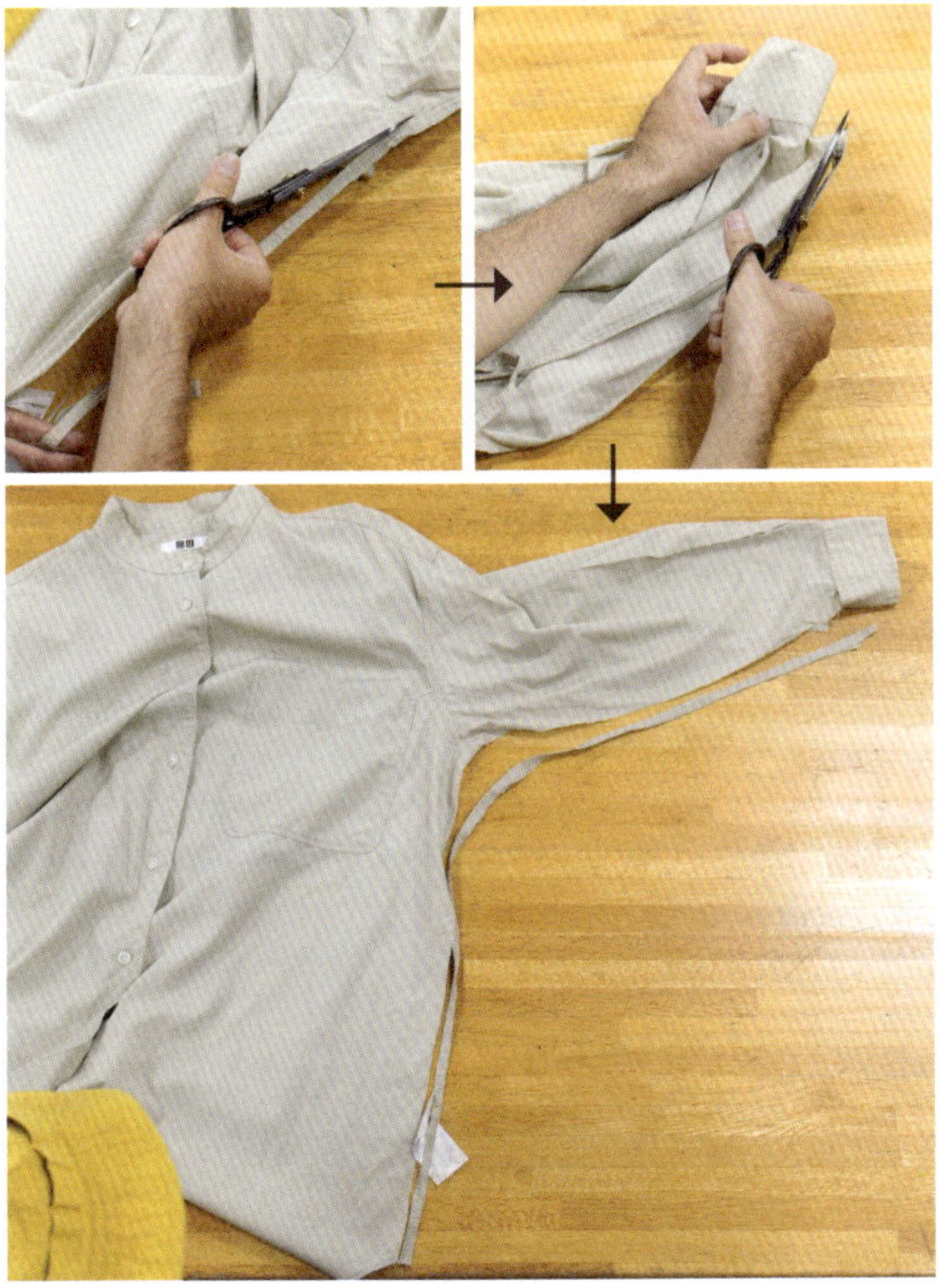

縫い代が切れました。このとき、品質表示タグも一緒に切ります。
反対側も同様の手順で切ります。

解体の仕方

p.56-57 と同様の手順で行います。

❶ 袖口の縫い目をカットします。袖下線と袖口の縫い目が交差する箇所を中心に、縫い目を 6cm ほどカットします。

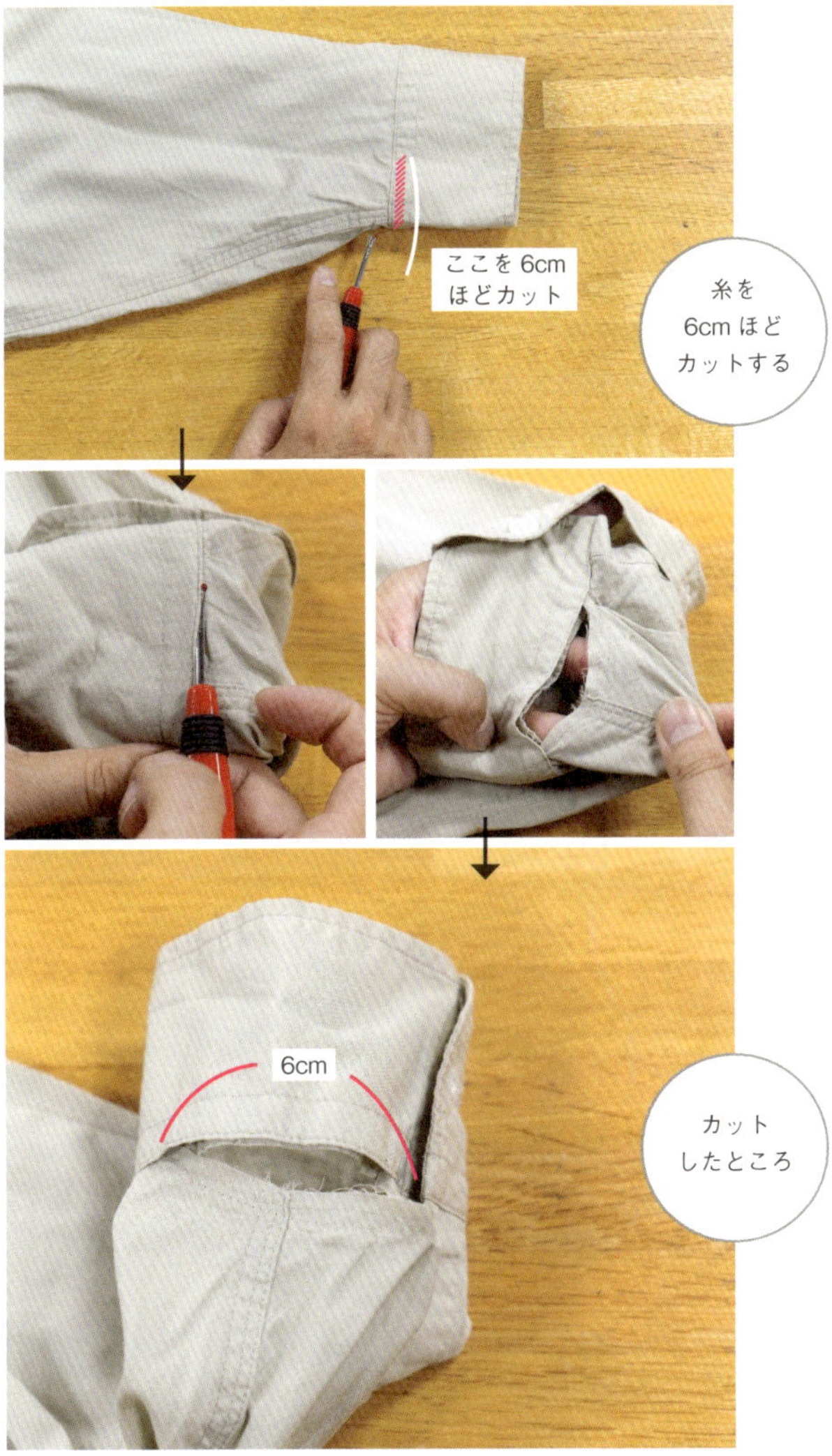

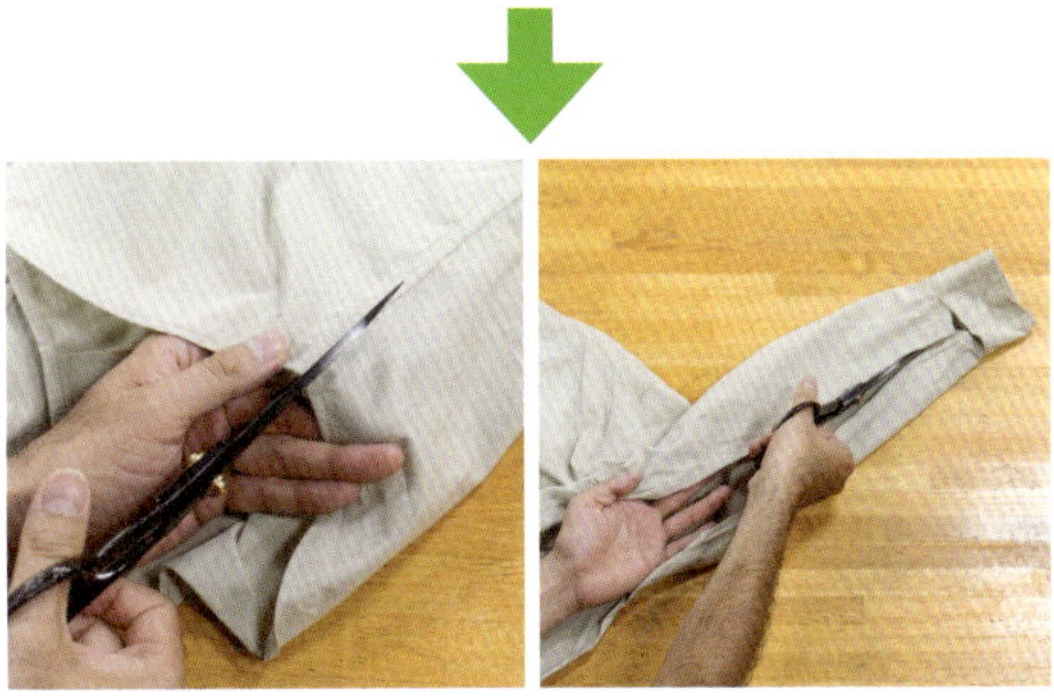

❷ 裾の縫い目を切ります。前身頃と後ろ身頃の縫い目に裁ちばさみを入れ、縫い目に沿って❶の袖口まで切ります。

次は胸ポケットを取り外そう⇒ p.67 へ

内側（股下）を解体する

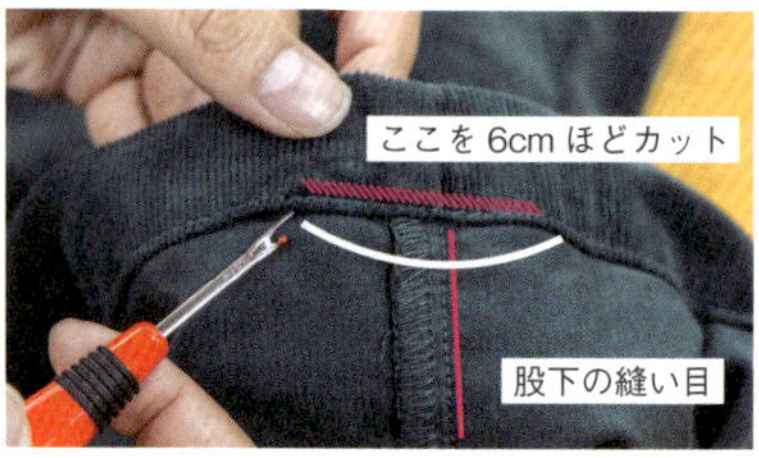

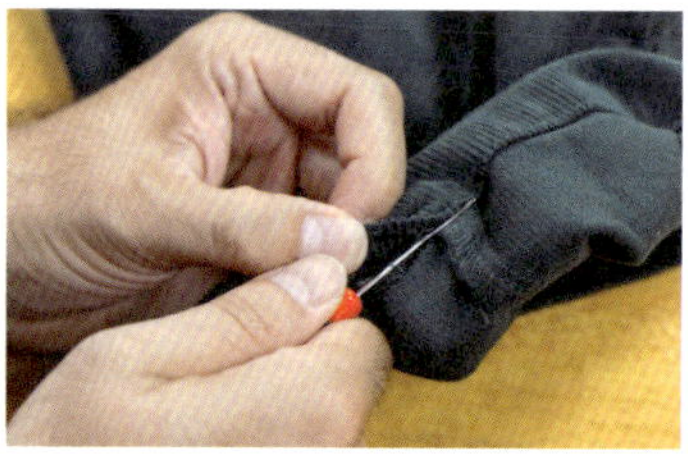

1 裾の折り返し部分の縫い糸を、股下の縫い目を中心に 6cm ほどリッパーでカットします。何重にも縫われている場合は 1 本ずつていねいにカットしてください。

2 ❶でカットした裾の折り返し部分からリッパーを入れ、股下の縫い目を少しずつカットします。

パンツの外側に模様を入れたり、両脚にかかる模様を入れたいときはこちら

どこを
リメイクしたいか
考えてみよう

パンツを解体する

パンツは内側（股下）か外側（総丈）のどちらに素材を付けたいかを最初に考えましょう。内側なら、内股部分に素材を付けたり、両脚にかけて連続した模様を入れることができます。外側には、内側よりも広い面積に模様を入れたり毛糸で文字を入れることができます。解体するときは「素材を付けたいほうと反対側の縫い糸をカットする」と覚えておきましょう。

外側（総丈）を解体する

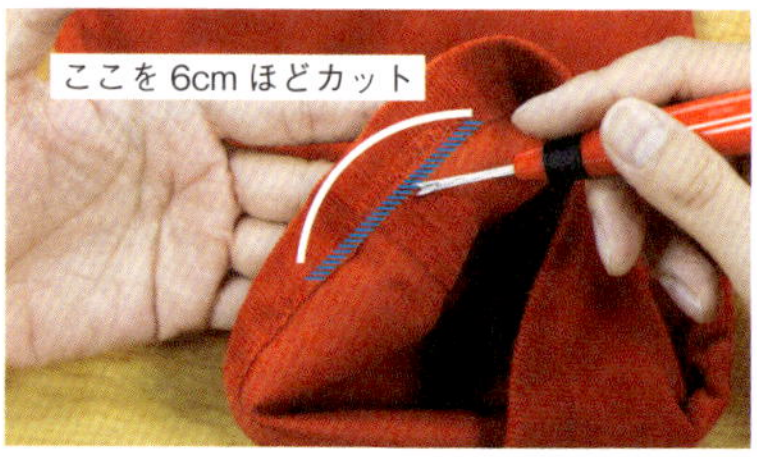

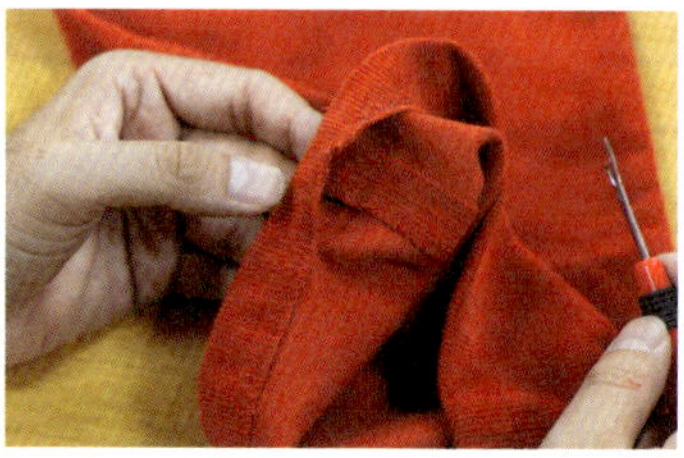

1 裾の折り返し部分の縫い糸を、総丈の縫い目を中心に 6cm ほどリッパーでカットします。何重にも縫われている場合は 1 本ずつていねいにカットしてください。

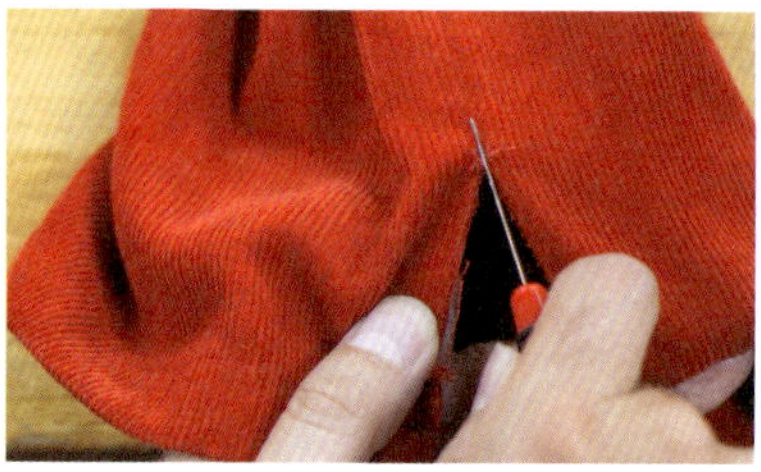

2 ❶でカットした裾の折り返し部分からリッパーを入れ、総丈部分の縫い糸を少しずつカットします。

パンツの内側に模様を入れたいときはこちら

4 反対側も同様に、股下の縫い目をカットします。カットした部分がつながり、内股がフルオープンになりました。

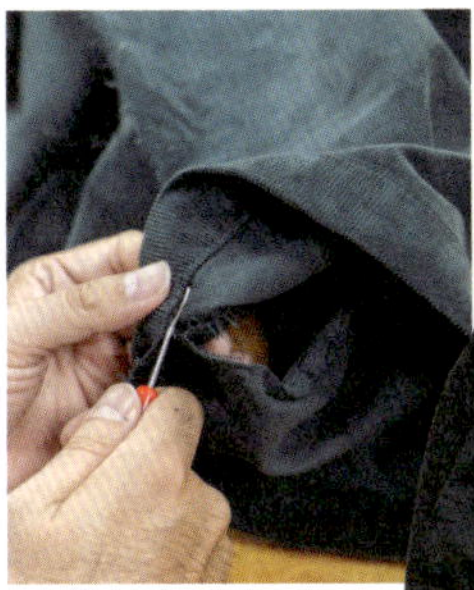

解体できました!

準備ＯＫ！素材を付ける工程に進もう⇒ p.69 へ

3 股部分（内股合わせっていうんですかね）まで縫い糸をカットしましょう。

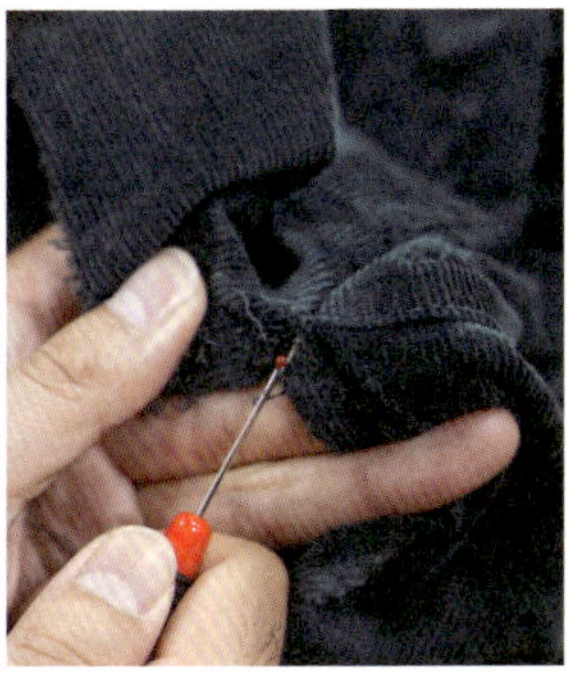

ていねいに少しずつ

股部分は何重にも縫われているので、生地を裏に返し、少しずつ広げながらそれらの糸をカットします。

3 ベルト部分（ウエストベルト）まで縫い糸をカットしましょう。ポケットの横は、袋にリッパーを引っ掛けないように注意してください。

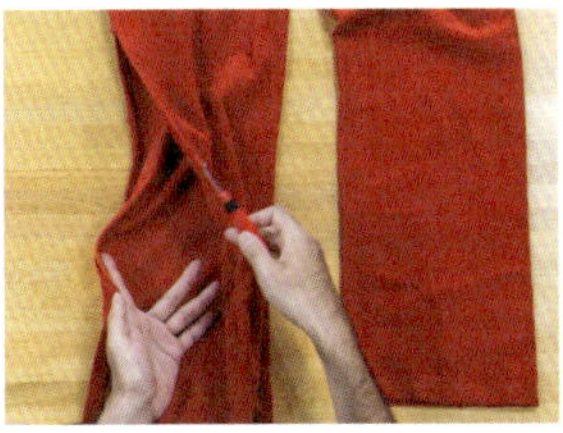

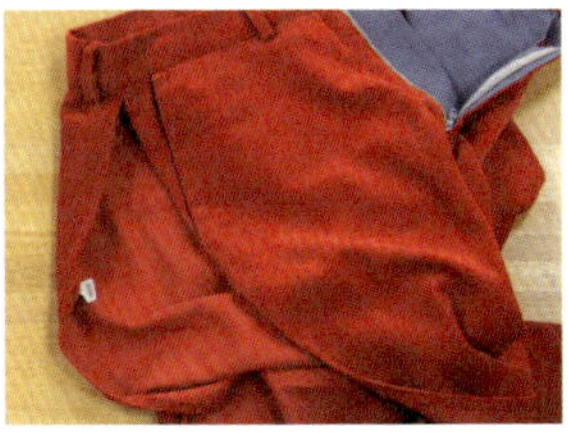

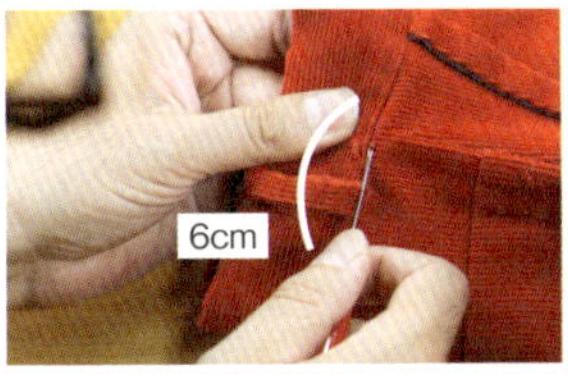

4 ベルト部分（ウエストベルト）の縫い糸を、総丈部分の縫い目を中心に6cm ほどリッパーでカットします。

パーカーを解体する

たまに脇の縫い目がないデザインがありますが、それもTシャツを解体するときと同じ手順で切り進めてください。リブが縫い付けられている部分は何重にも縫われていることがあるので、リッパーでていねいに糸をカットしましょう。前中心がジッパーになっているタイプは、がばっと前が開くので脇部分を切らなくてもリメイクが可能です。フロントにポケットが付いているタイプは、この後の工程でポケットを取り外してください。

解体するとこうなります

解体の仕方

p.56-57 と同様の手順で解体します。

1 袖から裾にかけて、縫い糸をカットします（裾からスタートしてもよいです）。袖リブの縫い目を、袖下線を中心に 6cm ほどリッパーでカットします。何重にも縫われている場合は 1 本ずつていねいにカットしてください。

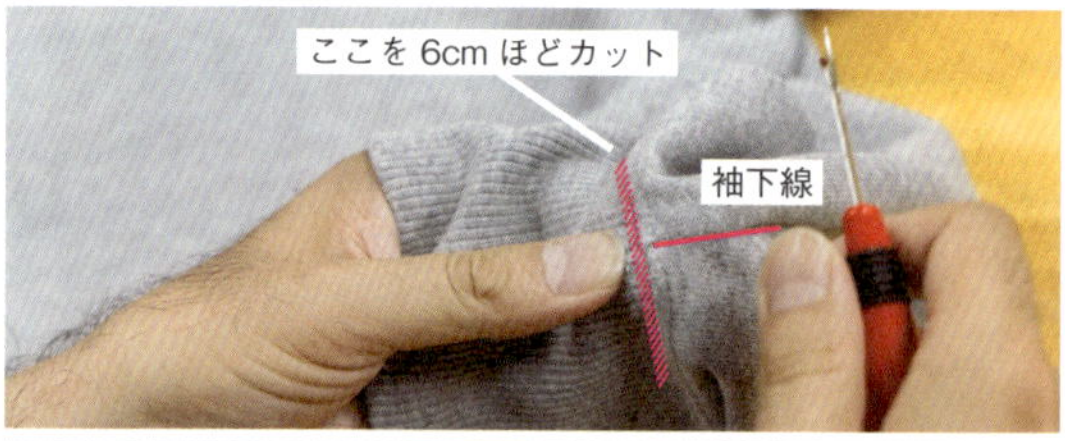

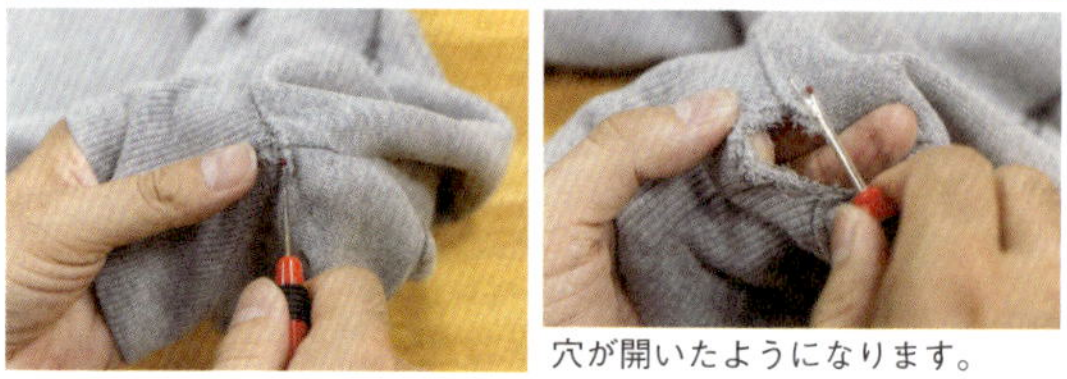

穴が開いたようになります。

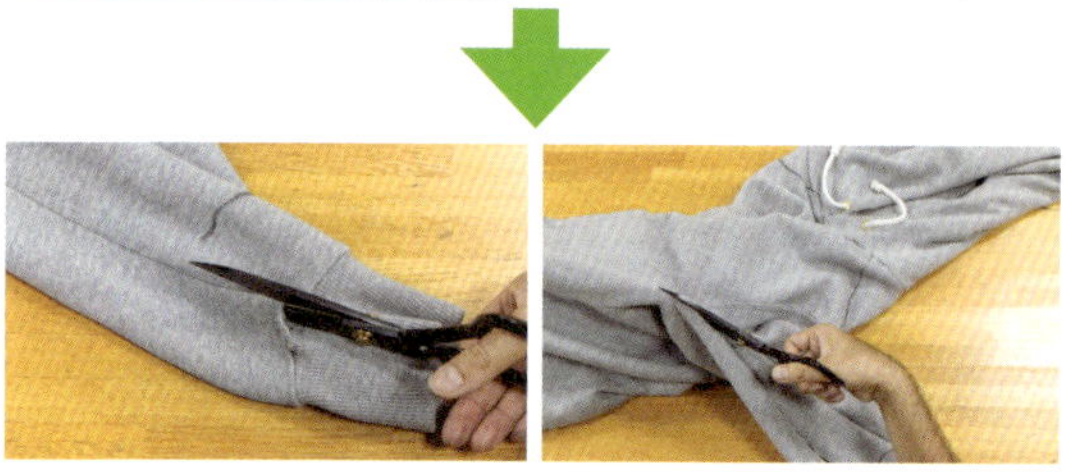

2 ❶に裁ちばさみを入れ、袖下線の縫い目に沿って裾リブまで生地を切ります。

3 裾リブまで切りました。裾リブの縫い糸を、今切ってきたところを中心に 6cm ほどリッパーでカットします。❷の続きで裾リブをカットします。

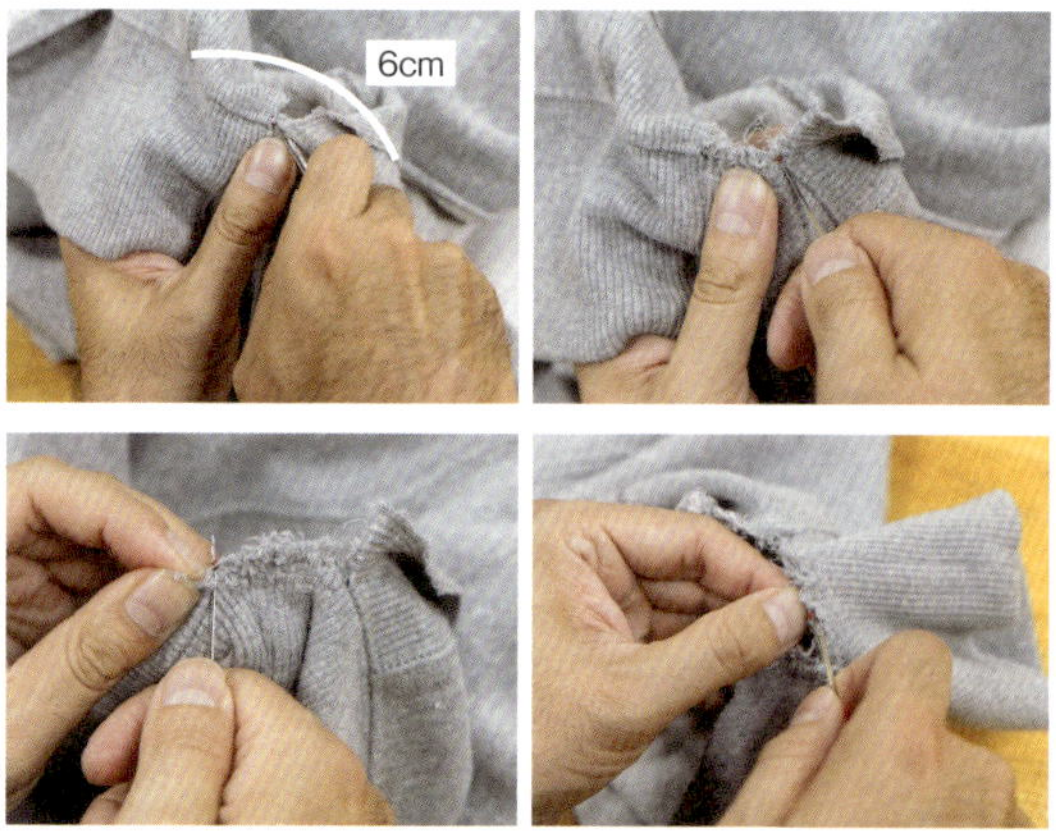

次はポケットを取り外すよ⇒p.66 へ

スカートやワンピースは解体しない

見出しの通り、スカートやワンピースは解体しなくてもリメイクができます。布面積が広くがばっと大きく広がるので、素材を配置するときもミシンで縫うときも楽に作業ができます。そのため、にはゆとりのあるシルエットを選ぶのがおすすめ。タイトなデザインは、ミシンをかけるときに窮屈になるので、「途中でやめる」で扱ったことはほとんどありません。とはいえ、そこらへんは好みですので「どうしてもタイトなシルエットがいい！」という人はもちろん選んでもらってもよいと思います。どちらの場合も裏地がないデザインを選んでください。これ大事。裏地があるとミシンで縫いづらくなりますよ。ただし、中にはとてもおしゃれな裏地があったりするので、服を裏返した状態でリメイクにトライするならむしろ裏地はあったほうがいい。その場合は裏地もデザインの要素と考え、そこにリメイク素材をプラスしてプラスアルファの味付けを加えると個性が出てよき感じに仕上がります。どのようなデザインに仕上げたいかによってベースになる服を選びましょう。

ポケットがあれば p.67 へ、なければ p.69 へ進みましょう！

いろいろな服を切ってみましょう

服を解体する前に、本番で使う服以外の服を解体してみましょう。小さくなったり汚れて着なくなった服を用意して、はさみやリッパーを入れていきます。糸や布を切る作業に、最初は躊躇するかもしれませんが、何度かトライすると次第に慣れますよ。挑戦あるのみです。

シャツ

前にボタンが付いたデザイン。襟の形はお好みで OK。

わたしがカットに挑戦します。洋服を切るのは初めて、裁ちばさみを持つのは学校の授業ぶりです。

服を切る前に

別布で布を切る練習をしてみましょう。切るものはタオル、古布、古着などなんでも OK。最初は思うように切れないので何度かチャレンジしてみてください。

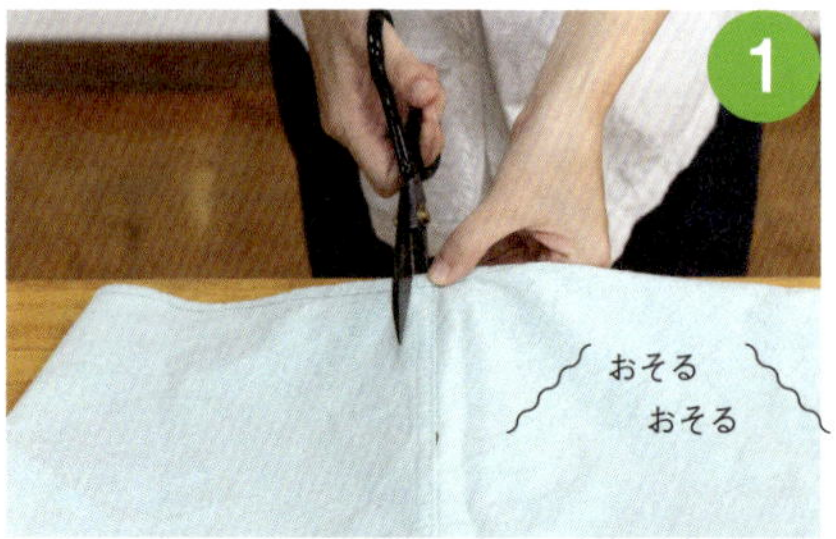

1 裾から脇下、袖まで切ってみましょう。

服の縫い目にはさみの外側を当ててガイドにするとよれずに切れますよ。

2 最初はおそるおそる。慣れないので真っすぐ切るのが難しい。

3 脇下まで切りました。このまま進みます。

4 最後、袖の先を切ります。

脇部分が切れました。見慣れない不思議な光景です。

逆側（袖）から切ってもよいですよ

5 続いて、先ほどはさみのガイドにしていた縫い代を切ります。

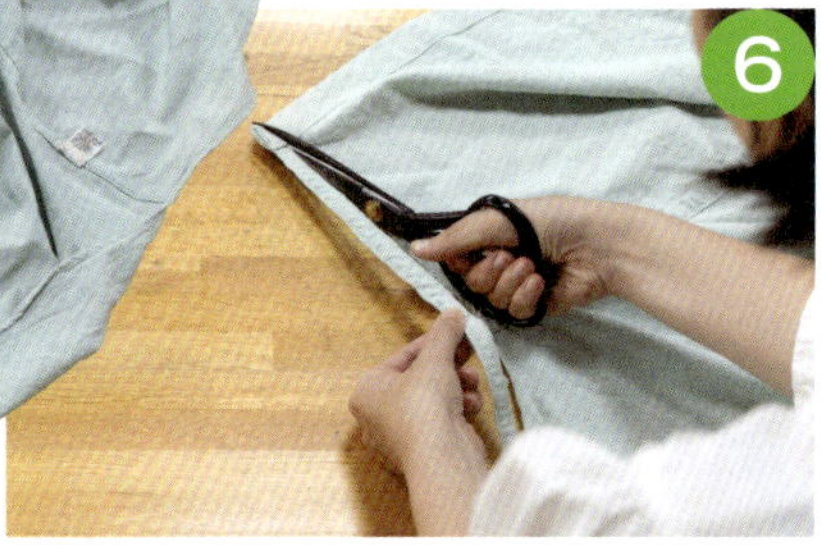

6 袖の先まで切りました。

何だこれは～

縫い代が切れました。反対側も同様に切ったら解体完了です。

スウェット

綿で編まれた厚手のニット生地。
トレーナーともいいます。

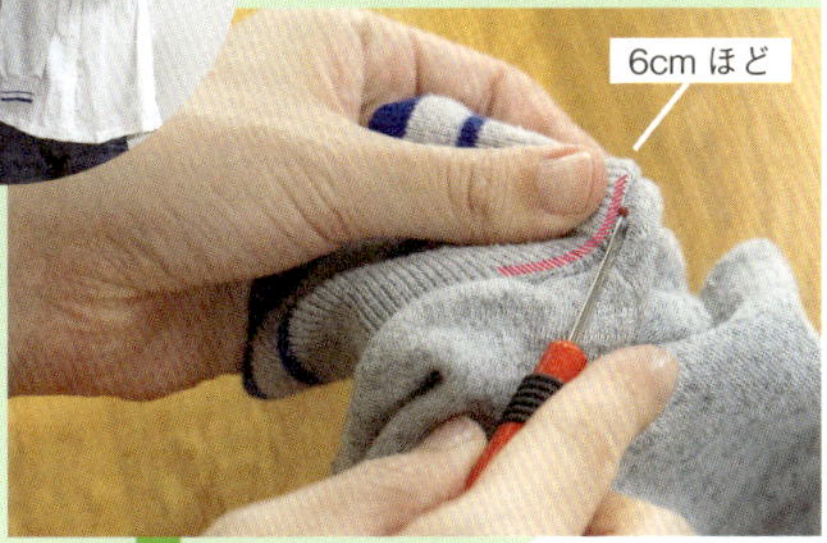

リッパーに慣れない…

袖下線とリブの縫い目が交差する箇所から6cm ほど、リッパーでリブの縫い目をカットします。

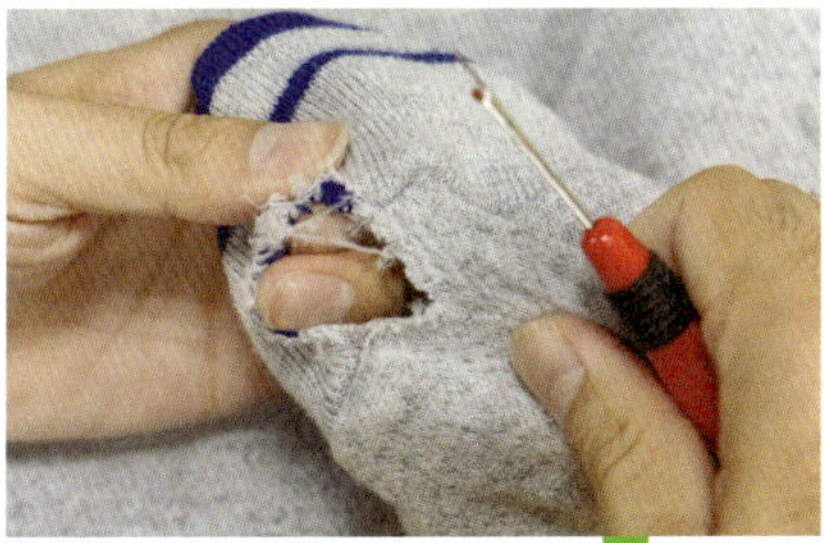

縫い目をカットすると穴が開いているようにみえますね。

穴にはさみを入れ、縫い目に沿って裾まで切ります。

何度か切るうちにざくざく切れるようになってきました。

最後に縫い代を切ります。

慣れてきました！

解体できました！

Tシャツ

伸縮性のある生地。綿が使われていることが多い。厚手の方が切りやすいかも。

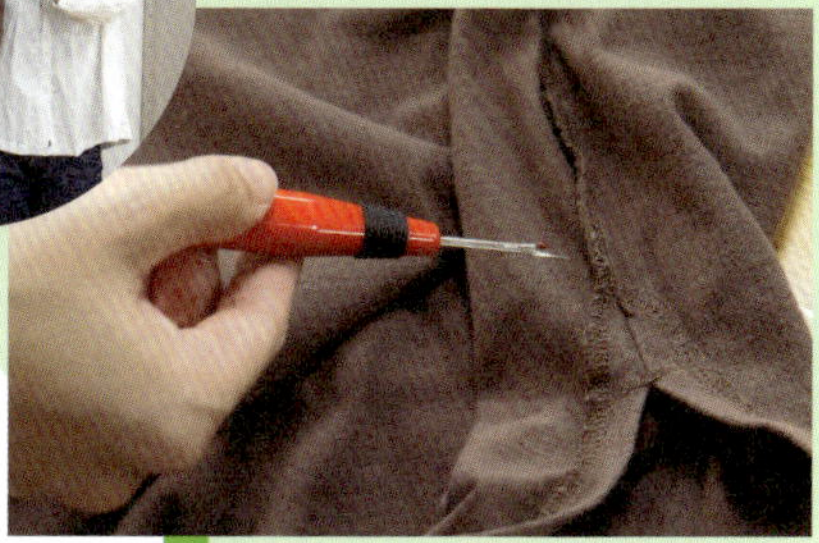

袖下線の縫い目を3cm ほどリッパーで外します。

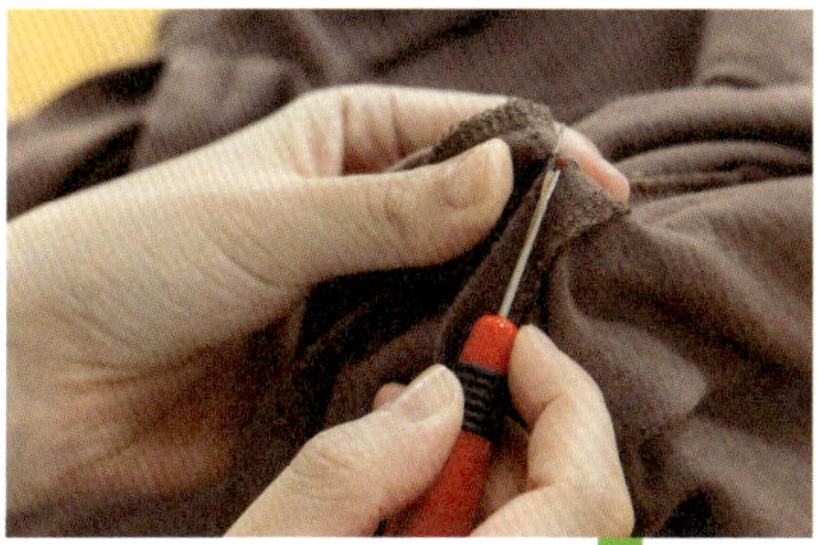

尖っている方を下に、玉が付いている方を上にして持ってね

リッパーを使うのは初めて。糸を引っ掛けてカットしていきます。

袖下線を裾までカットします。
今回は袖から切り始めました。

ざくざく切り進めたいけれど、布が薄くて柔らかいので切りにくい。両側の縫い代を切ったら完成です。

解体できました！

2 ポケットを取り外す

服に付いているポケットは、事前に取り外しておきます。シャツの胸ポケットやパンツの後ろについているポケットなど、別布が服の上に縫い付けられているポケット（パッチポケット）が対象です。取り外しておくと、その後の作業がしやすくなりますよ。

厚地のポケット

パーカーやスウェットに付いているポケットは、生地が厚く入れ口部分が頑丈に何度も縫われている場合が多いです。一度に糸をカットするのではなく、同じ場所に何度かリッパーを入れて糸を切ってください。

━━━ 部分の縫い糸をカットしてポケットを取り外します

どういう服を作りたいか、最初に想像して思い描いておくとリメイクしやすくなります。

1 裾リブに縫い込まれている部分は残し、それ以外の縫い糸をカットします。ポケットの表側の縫い目にリッパーを入れ、縫い糸をカットします。端部分は糸が何重にもなっているので、糸がすべて切れるまで何度か繰り返してください。

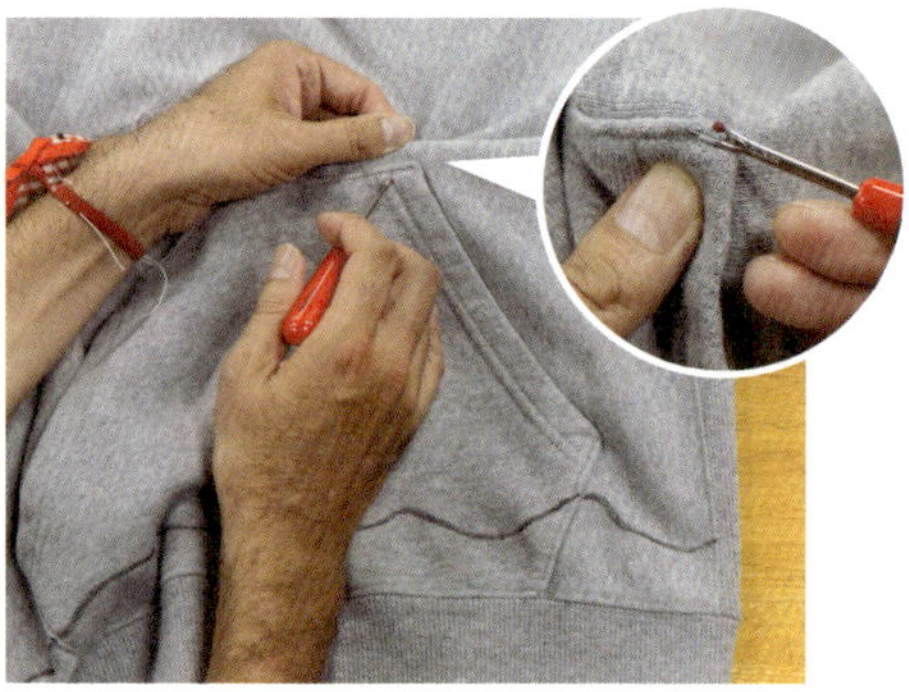

2 ポケットをめくり、内側からも縫い糸をカットします。

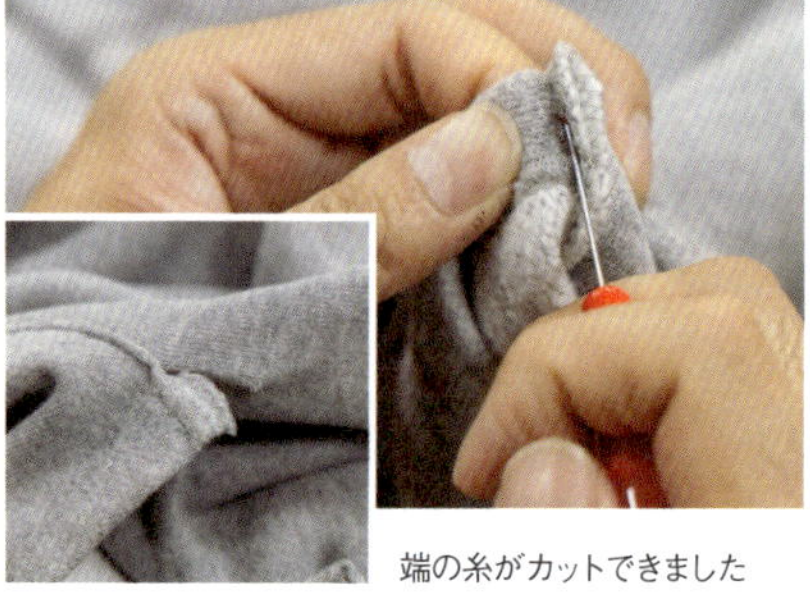

端の糸がカットできました

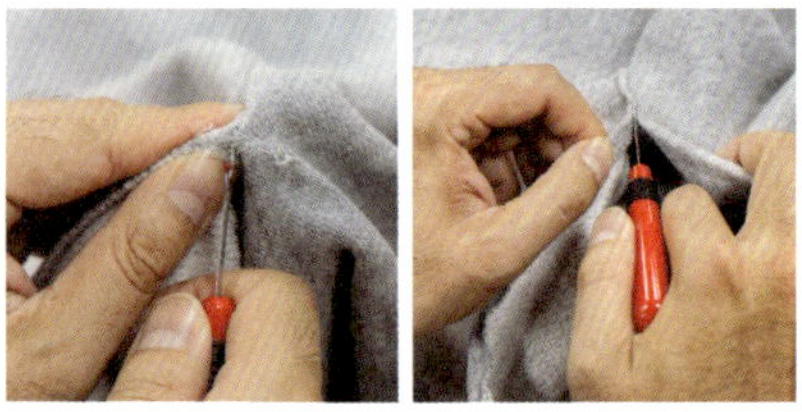

3 リッパーで直線部分の縫い糸をカットします。反対側までカットしたら❶と同様に端部分の糸をカットします。穴を開けないように注意。

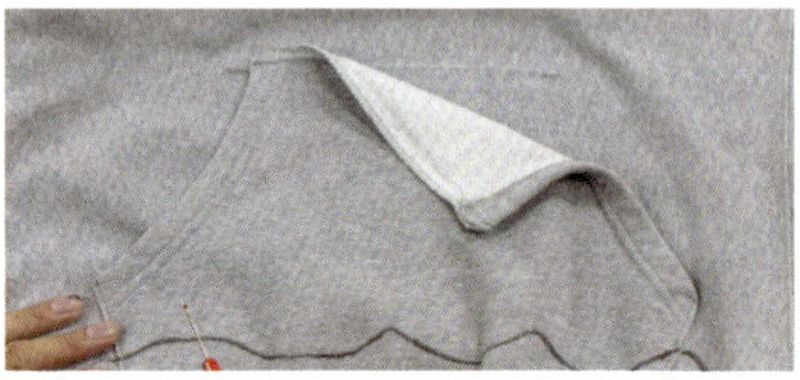

ポケット上部の糸をカットしました。両サイドの縫い糸も同様にカットします。

ポケットが取れました!
ポケットの下はつながっています

ココ

いよいよ素材を付けますよ！⇒ p.69 へ

薄地のポケット

繊細な薄い生地は、それはそれで気を使うんです。こちらも一度に糸をカットする、というよりは、何度か繰り返してカットするとよいですよ。ポケット口部分は特に慎重にていねいにカットして取り外してください。

部分の縫い糸をカットしてポケットを取り外します

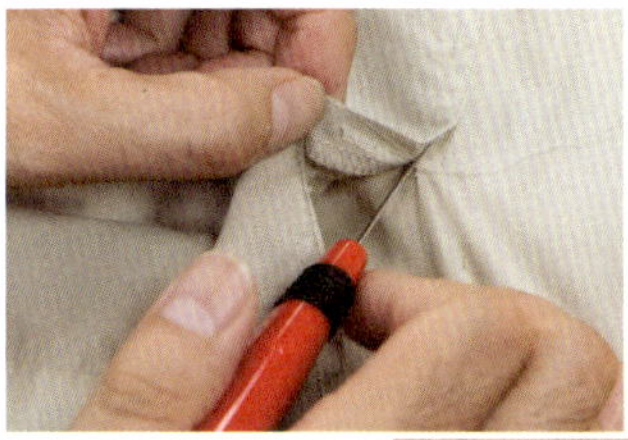

ポケットを引っ張るとカットする縫い糸が見やすくなります。

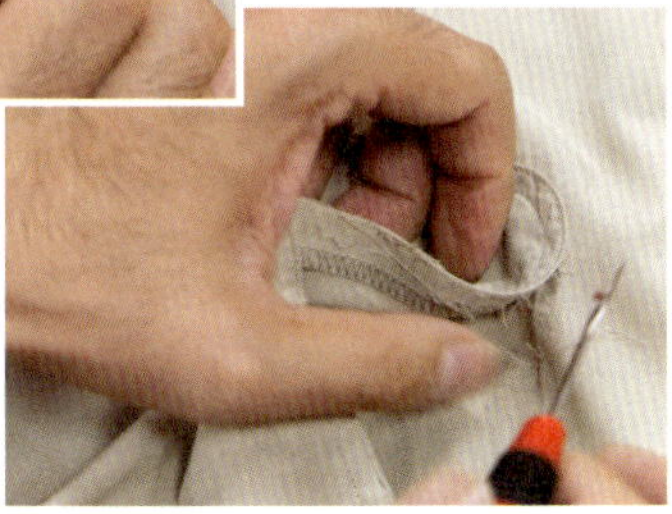

カーブしている部分は気を付けながら一針ずつカットするイメージで。

1 リッパーでポケットの縫い目をカットします。入れ口部分からスタートしましょう。

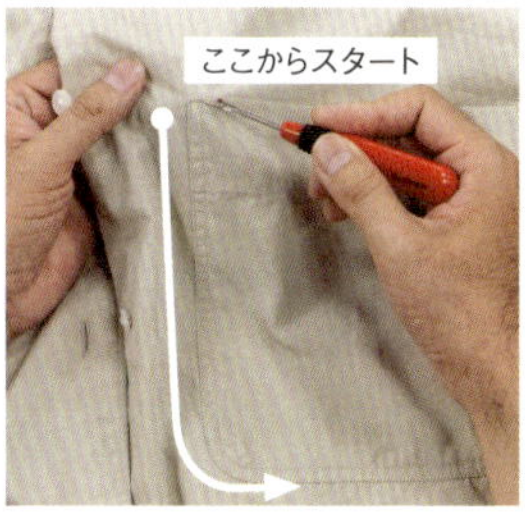

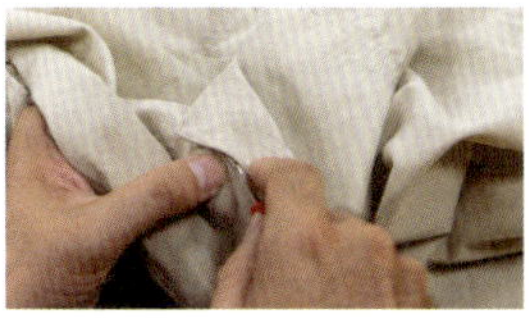

ポケット口部分は何重にも縫われているので、何度かリッパーを入れてていねいに縫い糸をカットしましょう。

2 ポケット口の糸が切れたら、そのままリッパーで糸をカットしていきます。布に穴を開けないように注意して進めてください。

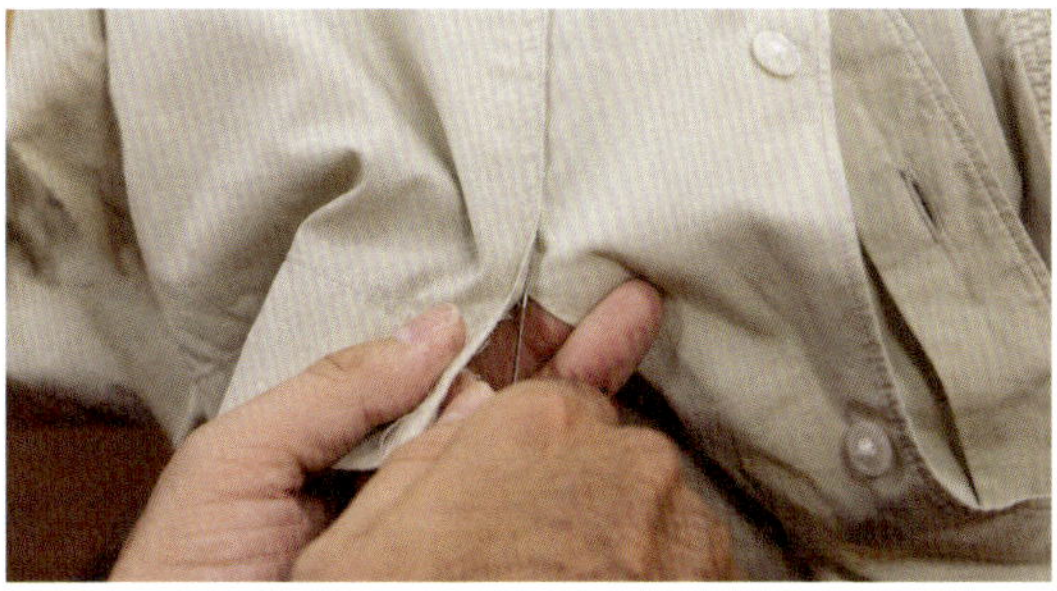

ポケットが取れました!

リッパーで穴を開けてしまっても、この後の工程でどうにでもなります

このまま素材を付けましょう!⇒p.69

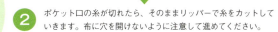

解体された布と服の中間のような、2・5次元状態のブツに配置してレイアウトを決めていく。
今はまだ2・5次元状態なので、脇やポケットを縫い合わせて
3次元になったらようやく着られる状態になります。
さぁ、何をどこに配置するのか?
Tシャツのデザインで考えたら、正面位置にプリントされているのがほとんどで、
解体した状態に何かを配置してデザインしていくこと自体が珍しい。
ミシンでバンバン毛糸を縫ったり、アップリケを肩から袖にまたがって縫ってもいい。
もうすでに変わっている変な服になることが約束されているし、着心地が最悪になってもいい。
なんでもいい感じになるように、キャンバスを広げたので、
バンバン解体して失敗して、成功を見つけにいきましょう。

3 服に素材を付ける

「途中でやめる」流リメイクの真骨頂、服に素材を付ける工程です。柔軟な考えを持って付ける場所を制限せず、服からはみ出したり、パーツを飛び越えるような場所に付けるほうがおもしろく仕上がるので、そこらへんをなんとなく意識して作業に入るといいかもしれません。

フェルトやパッチワーク、レースなどの素材を解体した服に合わせて、好みのデザインにします。素材は、配置する場所や向きを変えながら調整を加え、服にレイアウトするように配置していくとイメージが膨らんでいきますよ。あとは、本来の用途をじゃましてはいけないけれど、じゃましたりする部分に配置するのが一番いい感じに仕上がったりする。例えば、腕の可動域部分にハンカチを付けたり、パンツのファスナー部分にパッチワークを付けたり、ここに付けたら生活がめっちゃ大変になりそう、という場所に付けるとものすごく輝いたりします。なぜならそういうところに付けている服がないから。生活に支障が出そうなところにわざわざ何かを付ける人はいないじゃないですか。なので僕はあえてそういうところを選んで付けたりしています。手を動かし始めると、アイデアがどんどん湧いてきて着地が決まらず、完成にたどり着けないということも出てきます。どこで一区切りして縫い付ける作業に入るか、タイミングを自分で決めてから作業に入るのもよいかもしれません。

シートフェルトを付ける

ワッペンのような感覚で、気軽に付けられるのがシートフェルトの魅力。布端の処理をしなくていいので、はさみで切ったまま服に付けることができます。切り端がモケモケにならないのがいいんですよ。洗うとめちゃくちゃ毛玉ができるし乾燥機にかけるとけっこう縮みますけど、手を加えるごとに状態が変わっていくその感じもかわいい。着てからの過程を楽しめるっていいですよね。ちなみに僕は毛玉ができてもほっときます。

1　好きな形にカットする

服に合わせたい形をフェルトに下描きし、裁ちばさみで切ってモチーフを作ります。

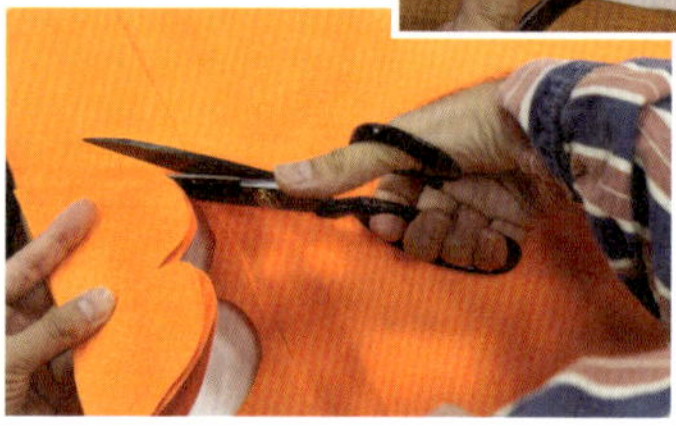

同じ形がいくつも欲しいときは、フェルトを何枚か重ねて切ってください。

2　付ける場所を決める

切ったフェルトを服に置いて、どのくらいの間隔でどのように並べるか、考えてみましょう。「この場所にもう少し置きたい」「他の色も入れたい」と新しい考えが浮かんでくるかもしれません。

他の色をプラスしても

3　フェルトを固定する

場所が決まったらまち針で服に固定します。このとき、後ろ身頃を一緒にまち針ですくわないように注意しましょう。

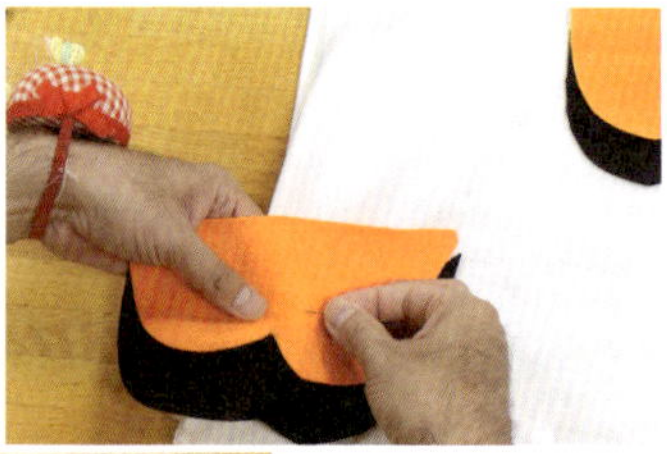

服から飛び出しても OK。

4　ミシンで縫う

まち針で留めたフェルトを1枚ずつ服に縫い付けます。すべて直線縫いで OK。

フェルトの端をぐるりとミシンで縫いましょう

重ねて配置したいときは、フェルト同士を重ねて縫ってから、服に配置して生地に縫い合わせます。

シートフェルトが付きました

ごまかしポイント

- シミや汚れの上に付ければそれらがなかったことになります。1か所だとそこが際立って見えるので、7か所くらい付けた方がいろいろとごまかせます。それだけあったら、そのうちの1つがシミを隠しているとは思わないでしょ。
- フェルトはどんな大きさでも OK。服の上に配置して置きまくってどんどんまち針で固定してみてください。少し遠くから見てバランスがとれていればそれでよしです。

ポケットを元に戻しましょう⇒ p.86 へ

アップリケを付ける

付ける場所と大きさを決め、そのサイズに布をカットします。国道沿いのチェーン店の看板のような形をイメージすると何かしらつかみやすいでしょうか。周りをバイアステープで囲むと、布端の処理をしなくて済むうえにワッペン感が増して、より製品らしさが出ます。アップリケの中にさらに他の素材を縫い付けてもいいですね。バイアステープは最後まで縫わずにたらしてもよいですよ。

1 アップリケの形を決める

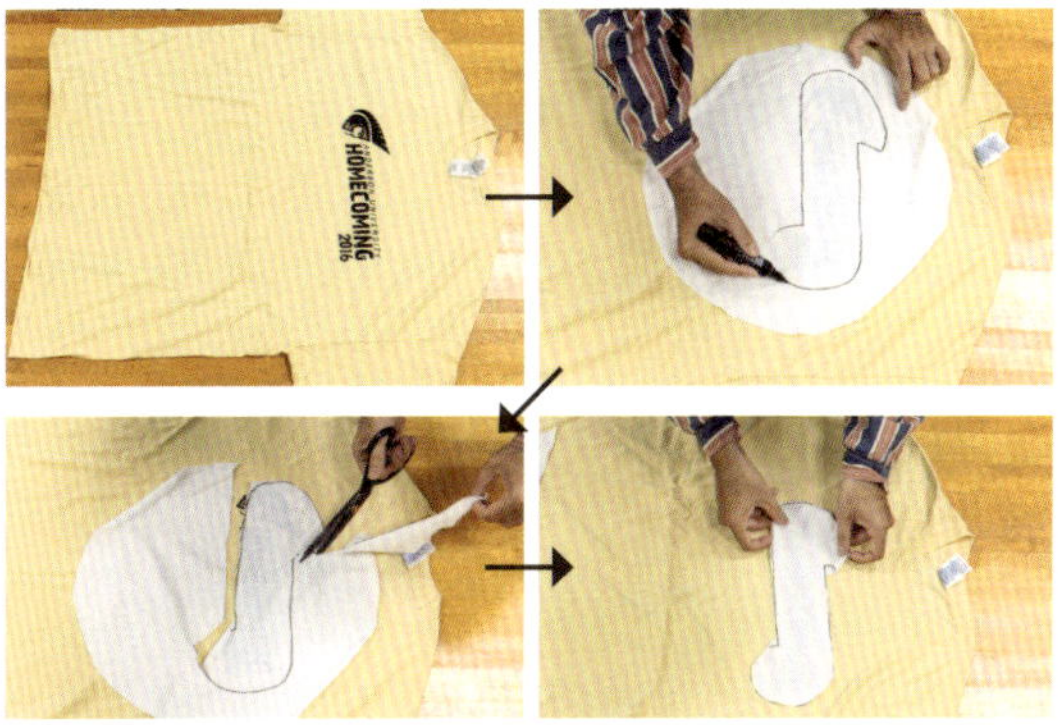

服の上に布を置き、好きな形をマジックで描き、はさみで切ります。ロゴや汚れを隠したい場合は、その部分を覆うような形を描くとよいでしょう。少し大きめにしておくと安心です。

2 バイアステープで縁取る

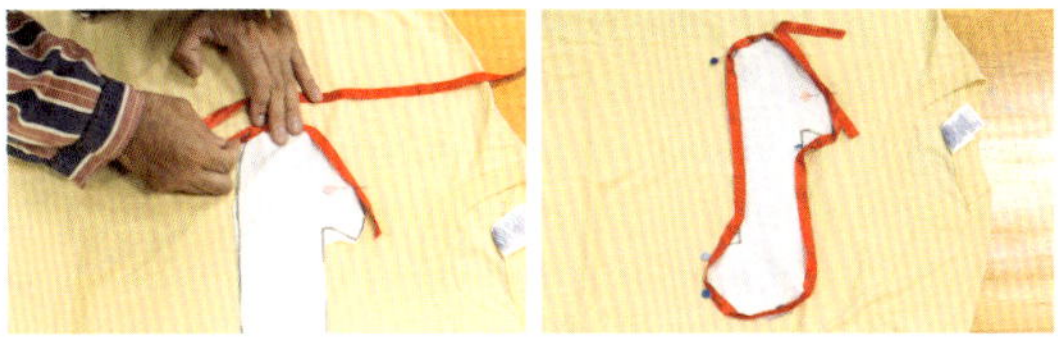

カットした布の周りを両折バイアステープで囲み、まち針で留めます。

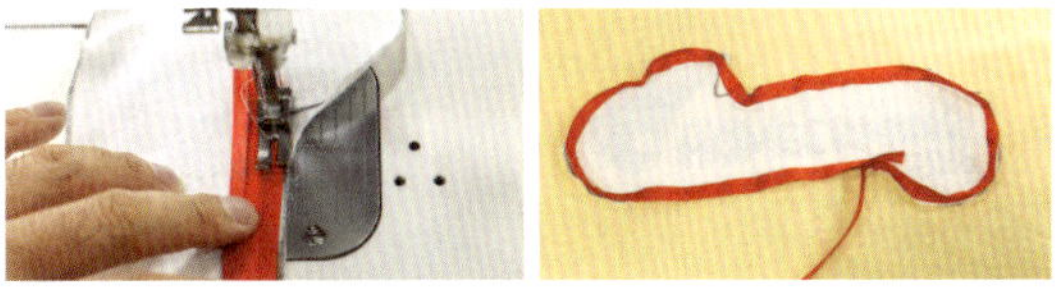

生地の裏側とテープの表側を合わせて布の右端に揃えます（テープの内側が上を向いています）。テープの右側の折り目をミシンで1周縫います。布を表に返し、バイアステープの折り目を元に戻します。

3 アップリケを固定する

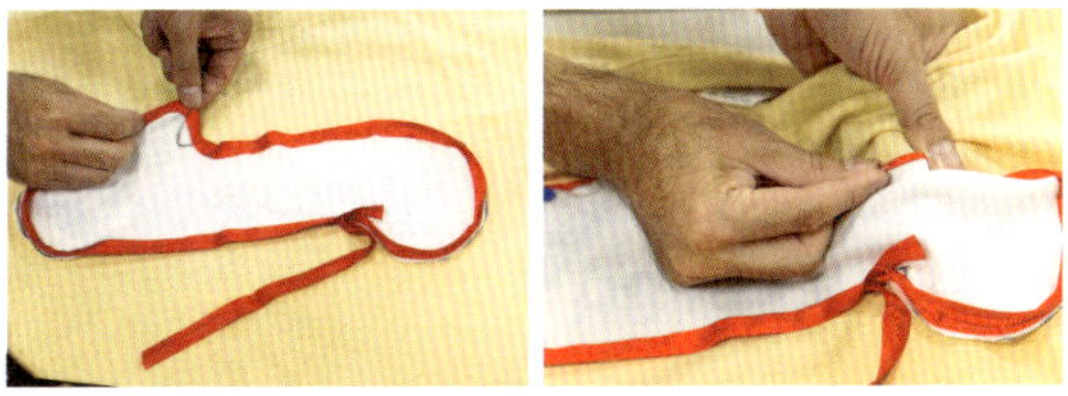

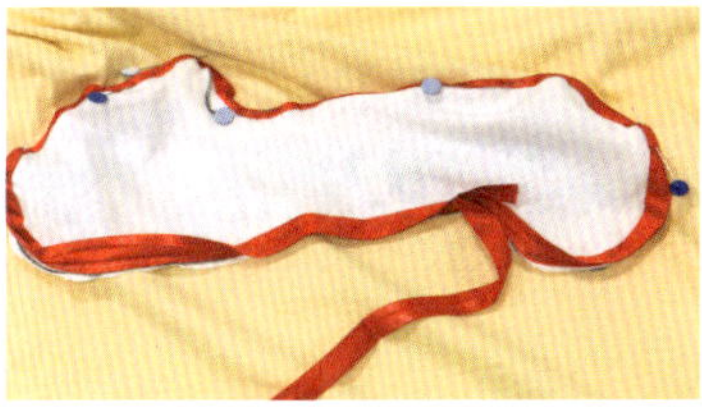

アップリケを服の上に置き、付ける場所を決めてまち針で服に固定します。カーブしているところは細かくまち針を打っておくと安定です。

4 ミシンで縫う

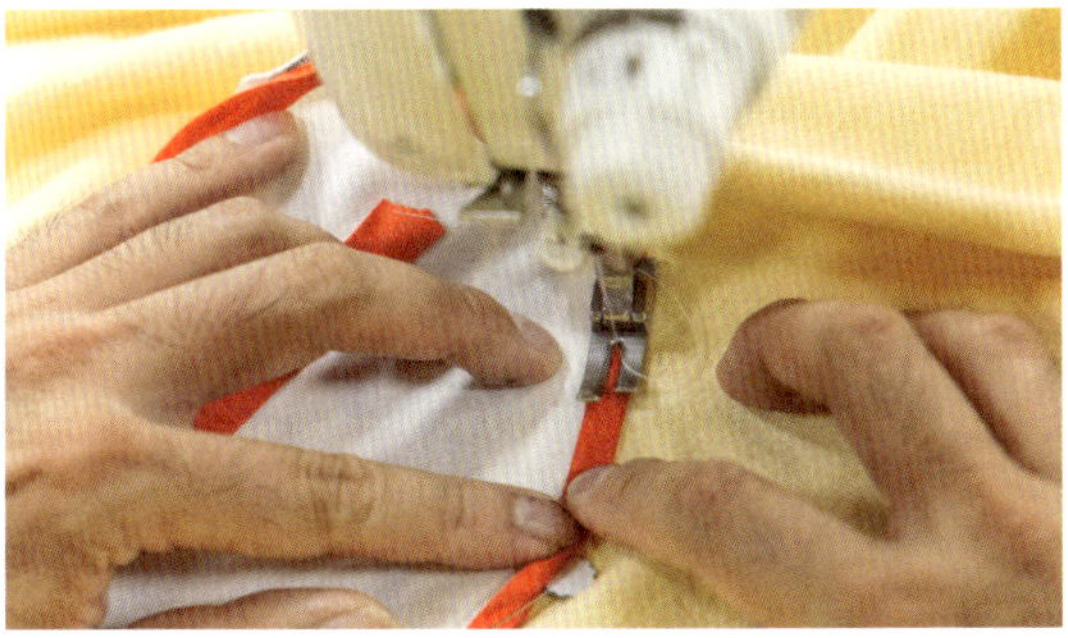

テープの上をミシンで縫い、服にアップリケを付けます。アップリケがずれないように気を付けながら縫ってください。

アップリケが付きました

ごまかしポイント

- バイアステープの付け方がわからないときは「バイアステープ縁取り」で検索して、誰かがアップしている動画を見てみてください。一発でわかります。
- きれいに付けようとしてミスしたところが一番目立ちます。きれいに付かなくて当たり前なので、わざときたなく付けて、そういうデザインに仕上げたという顔をするほうが安全です。僕なんか20年以上作っているけどいまだにきれいに付けられません。

服を元の形に戻しましょう⇒p.88へ

毛糸を付ける

文字やイラスト、模様の線を服に縫い付けます。線の太さは自由に変えられます。毛糸は太すぎないほうが縫いやすいですよ。縫うのが少し難しいですが、ギターと一緒で反復練習あるのみ、とにかく慣れるまで何度も縫ってみてください。縫うことを前提に下描きするとおもしろいモチーフが浮かばないので、第三者に描いてもらった下絵を縫うほうが早く上達するかも。毛糸と同じ色のミシン糸を選べば、ミシン糸が目立たずきれいに仕上がります。

線を縫う

線を描くように、下絵の上に毛糸を置いてミシンで縫っていきます。

1 下描きをする

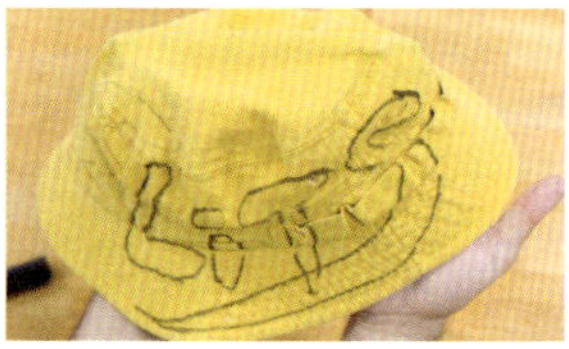

服（帽子）にマジックで文字やモチーフを描きます。ここでは「SLiTS」と描きました。文字は袋文字がおすすめ。大きく描くとミシンで縫いやすいです。

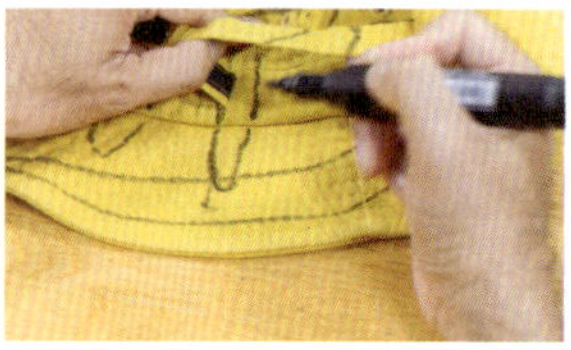

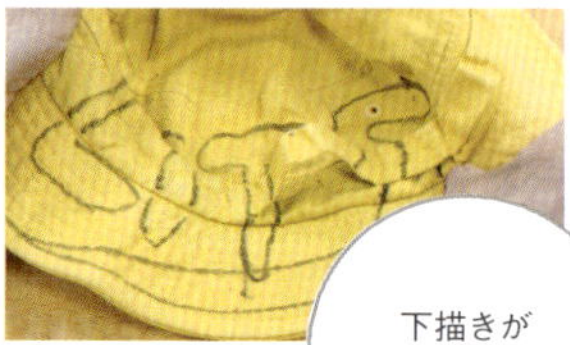

ポケットやベルトの下に毛糸を入れると完成度が増します。リッパーで帽子のベルトの縫い糸をカットし、出てきた布面にベルトに描いたものと同様の下描きをします。

下描きが完成しました

2 下描きの上を縫う

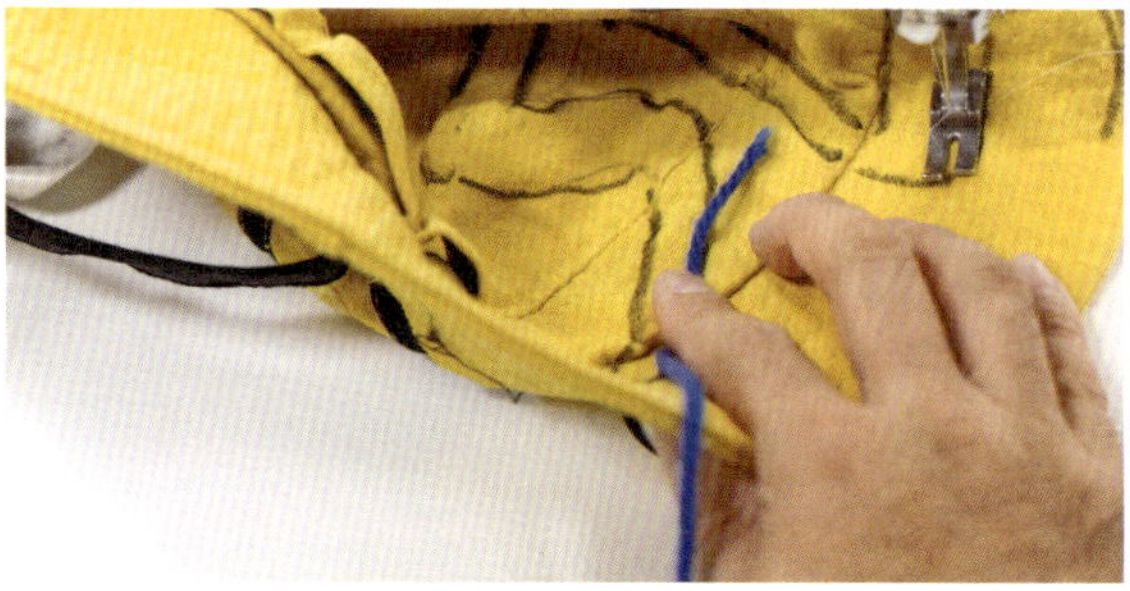

糸先を向こう側にして、下描きの上に毛糸をのせます。

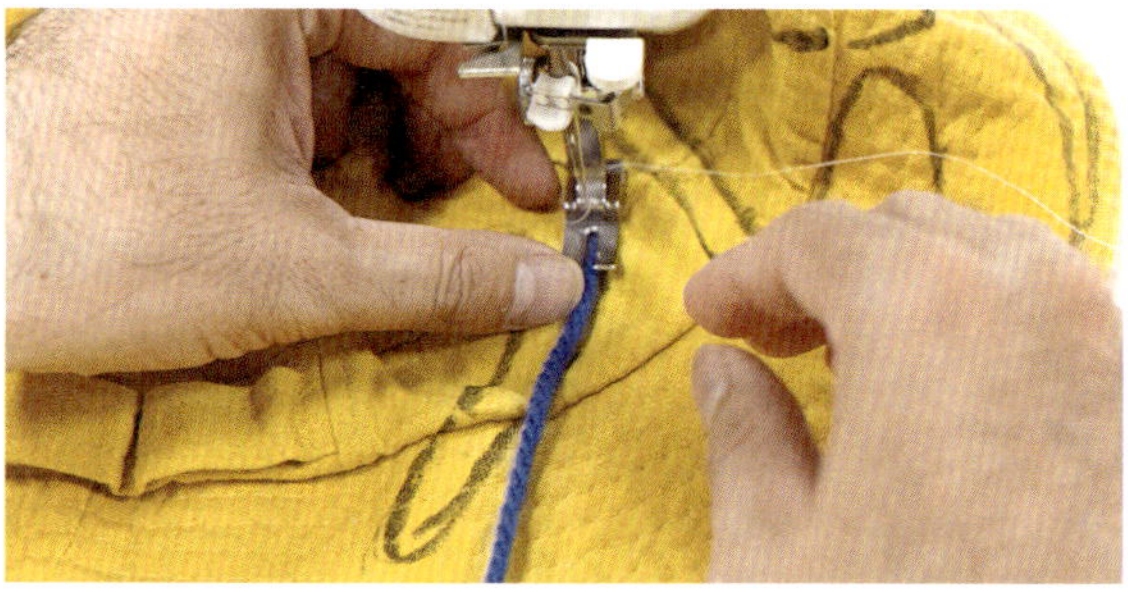

毛糸の中心にミシンの針を刺し、押えを下ろします。

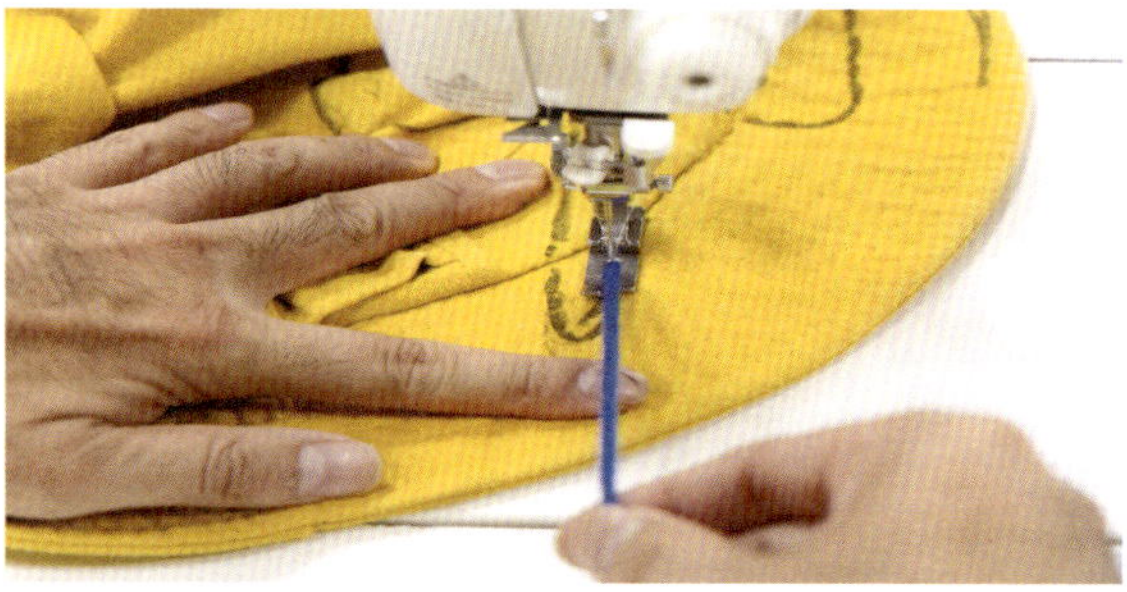

下描きの上を沿うように、ミシンで毛糸の上を縫っていきます。

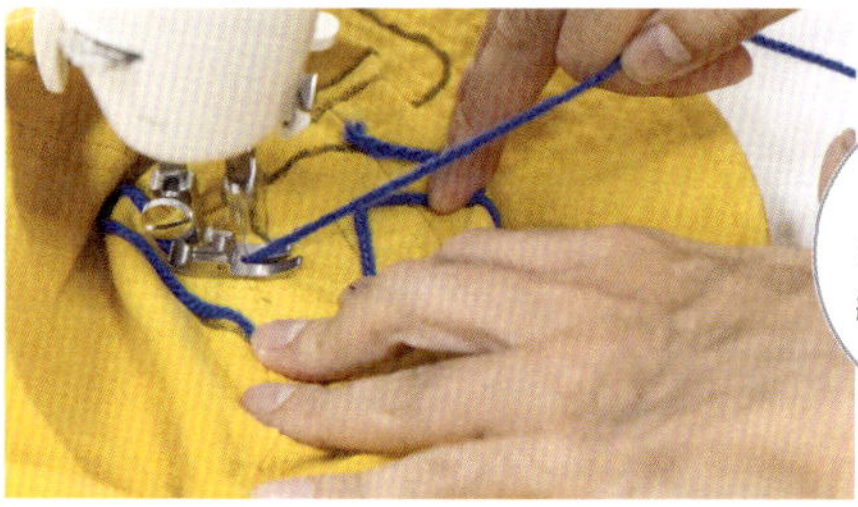

毛糸を引きながら進めると縫いやすいです

毛糸を二重にする

毛糸を太くすると存在感が出て服のアクセントになります。

1　下描きをする

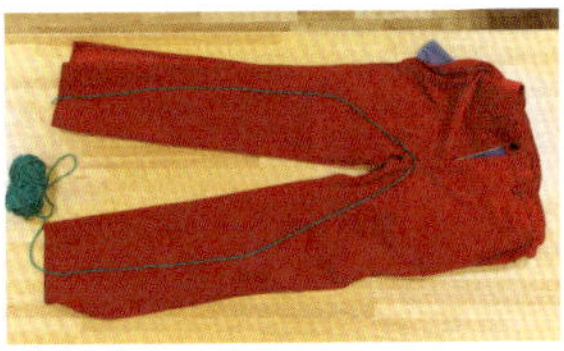

毛糸を入れたい部分にマジックで線を描きます。実際に糸を置いて、完成形を想像しながら考えるといろいろなアイデアが浮かびますよ。

2　下描きの上を縫う

糸先を向こう側にして下描きの上にのせ、毛糸の中心にミシン針を刺して押えを下ろします。下描きの上を沿うようにミシンで毛糸の上を縫っていきます。

3　線を二重にする

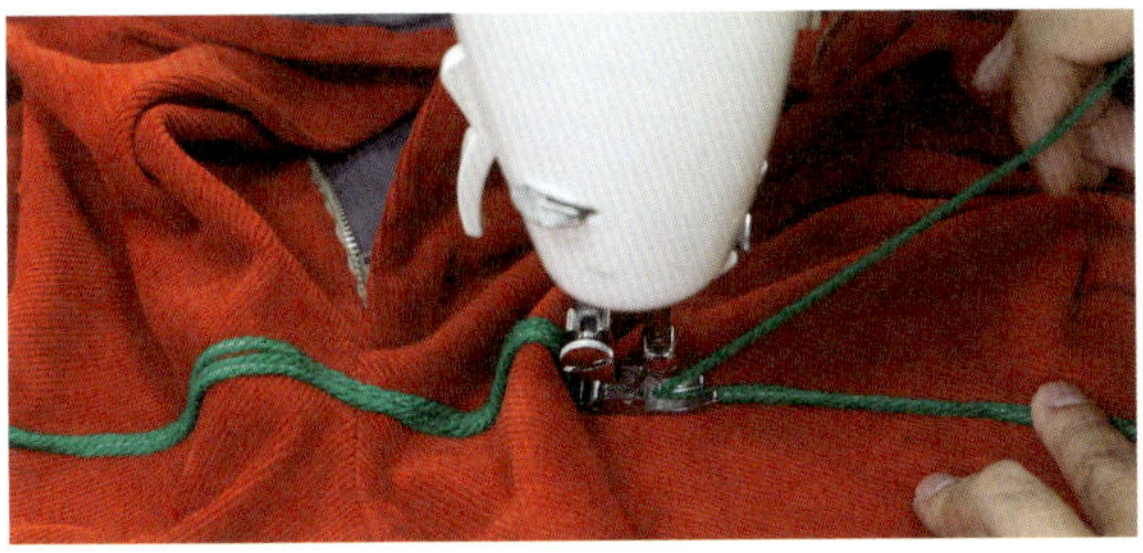

端まで縫ったら、服の向きを 180 度回転させ、今縫ってきた毛糸の右側にもう一本毛糸を縫います（左側でも OK）。

毛糸が二重になりました

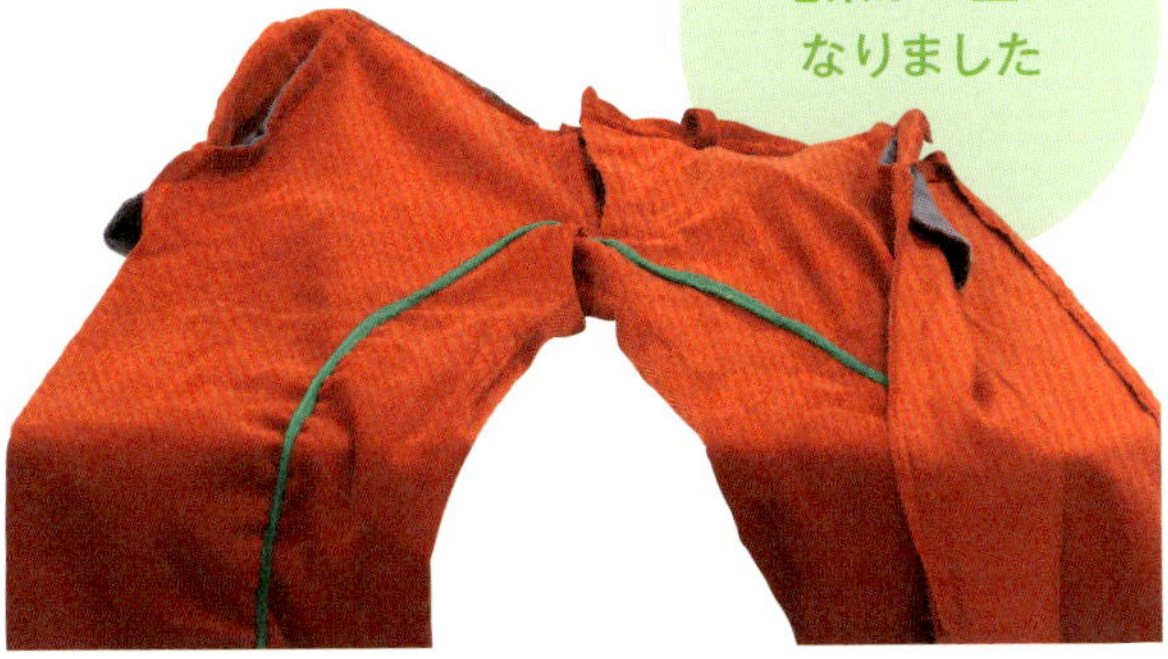

ごまかしポイント

・わざとかっていうくらい下描きのマジックからはみ出して縫ってみましょう。その方が人が作っている感じが出て僕は好きです。チャコペンで下描きするのもいいですが、きれいにでき上がったら“ただ刺繍ミシンで縫っただけ”と思われるかもしれないし、それはとてももったいない。

・最後に毛糸をカットするときも、少し長めに余分を残してカットすると、人が作っている感が出ます。あらゆるところで手業を残しまくりましょう。

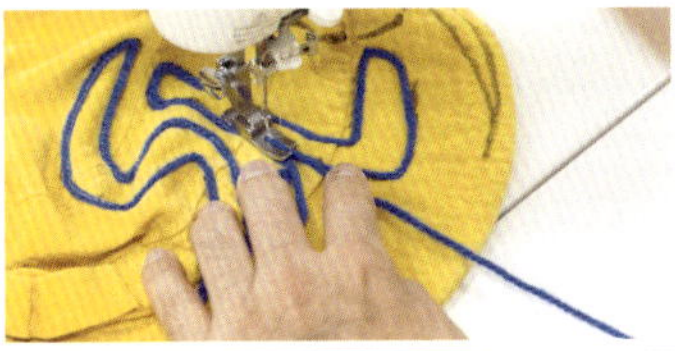

下描きに沿ってどんどん縫っていきます。

モチーフとモチーフの間は、針と押えをあげ、毛糸は切らずにミシンの縫い糸を引き出して、次のモチーフを縫います。

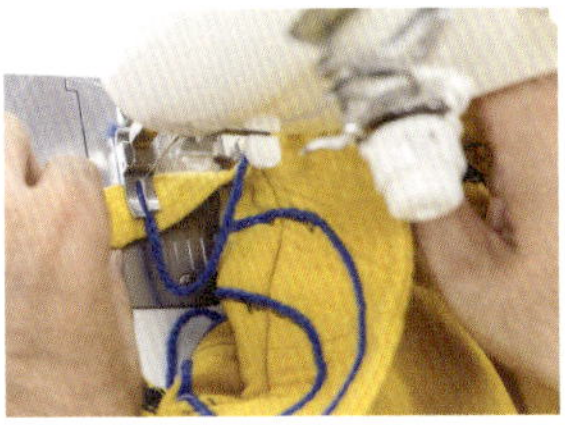

ベルトとベルトの下の布面にも同様に毛糸を縫います。糸が飛び出していても OK。

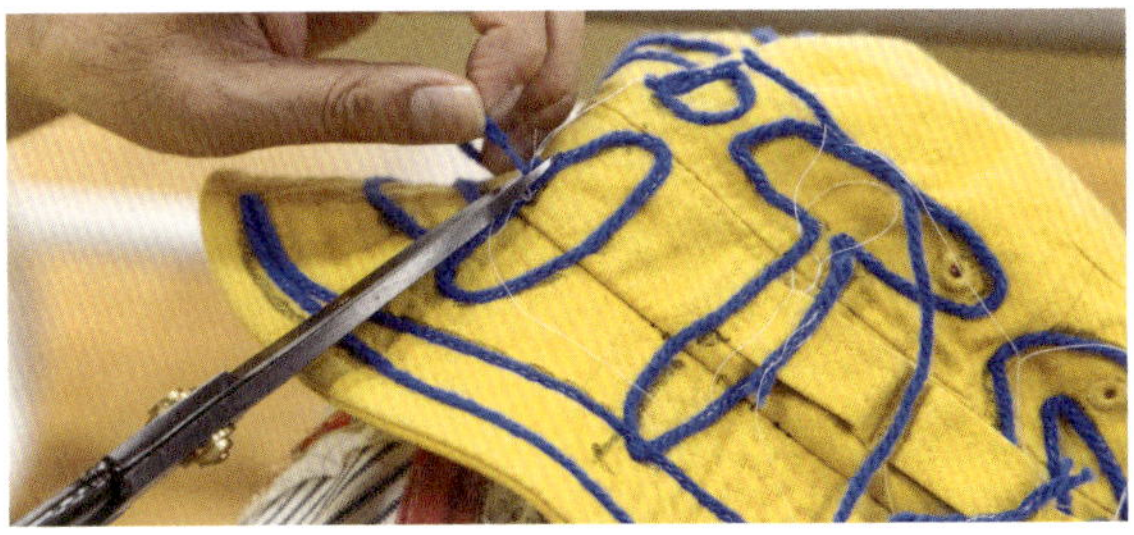

縫い終わったら、モチーフ間の毛糸を下糸ごとカットします。多少ほつれても問題ありません。ベルトを元の場所に縫って戻します。

毛糸が付きました

帽子が完成しました

パンツを元の形に戻しましょう⇒p.93 へ

レースを付ける

黒電話やガラステーブルに置く印象が強かったレースですが、ひざ部分に縫い付けて、その下の服を切り抜いてみたら、可動域が広がるわインナーの透け感コーデが楽しめるわで大発見でした。たまに蚊に刺されたりしますけど、風通しがよくて夏は最高です。

3 ミシンで縫う

レースの端をぐるりと1周、ミシンで縫います。レースの抜けている部分も気にせずどんどん縫っていきましょう。

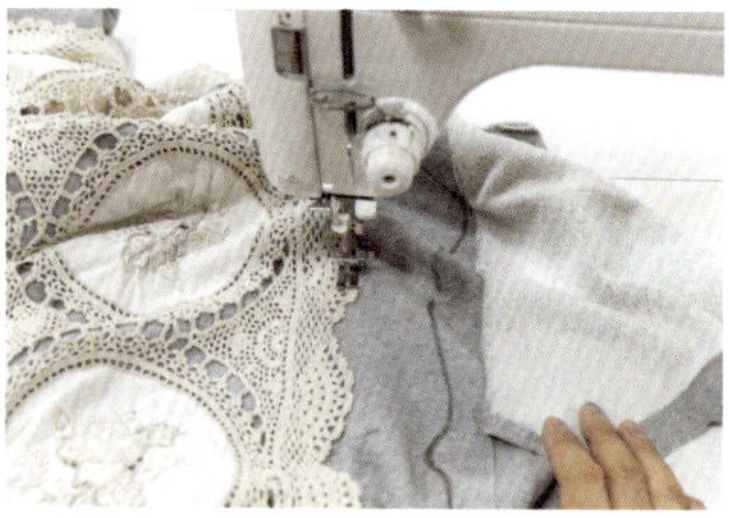

フードや取り外したポケットの下にレースを入れると、元から付いていたような雰囲気が出ます。

ごまかしポイント

- シミや汚れ部分に付けて、レースの下の服を切り抜くと気にならなくなります。切り抜かなくてもレースで覆うので同じくらいの効果があります。
- 縫い目が多少ずれても、レースがいい感じに調整して自動的にごまかしてくれます。着心地もいいし優等生なんですよ。

レースが付きました

服の上に付ける

服の上に配置して縫い付ければ完成。ワンポイントでも付けるだけで個性と存在感が出ます。

1 付ける場所を決める

服の上にレースを置いて付ける場所を決めます。いろいろな場所に置いてみると完成のイメージが湧いてきます。2つ以上付けると豪華になりますよ。

レースの周りに毛糸を付けたい場合は、毛糸が入るところにマジックで下描きをしましょう。

毛糸を付ける
p.72

2 レースを固定する

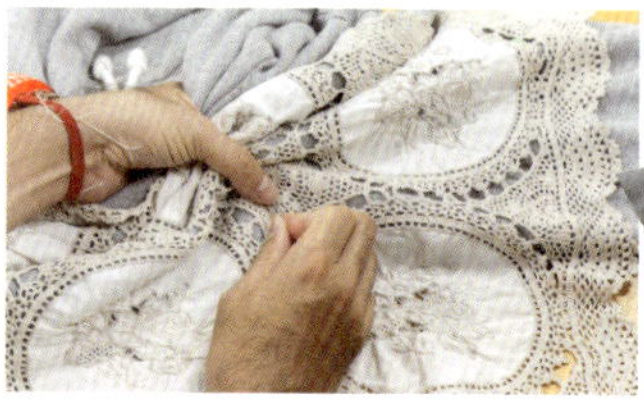

場所が決まったら、まち針で服に固定します。レースがずれないよう、外側と内側に細かめにまち針を刺します。

レースが固定できました！

毛糸を付ける人は⇒p.72へ
ポケットを元に戻す人は⇒p.86へ

4　レースの下の服を切り抜く

服を裏返し、3 で縫った糸の 1 ～ 2cm 内側の服をはさみで切ります。

めくるとこんな感じです。

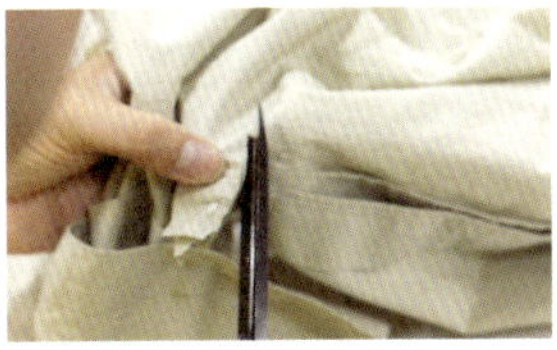

ボタンを留めているところもそのまま切ります。

レース部分の服を切り抜きました。

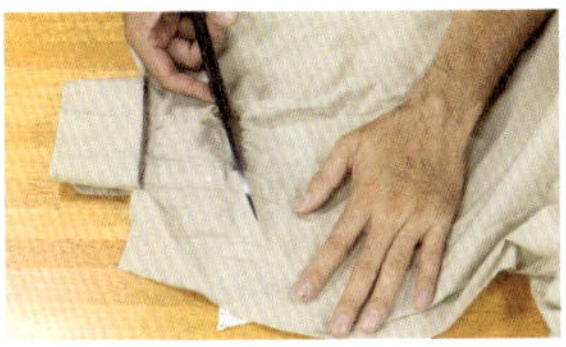

袖のレース下の服も切ります。

大胆に切り抜くとレースの模様が際立ちます。

レースの下の服を服を切り抜きました。

レースが付きました

レースの下を抜く

付けた部分の下の服を切り抜くと、風通しがよくなって服に透け感が生まれます。

1　付ける場所を決める

服の上にレースを置いて付ける場所を決めます。今回は同じデザインのレースが 3 枚あったので、前身頃と袖の 3 か所に付けることにしました。

レースの下の服を切り抜くと、レースがよく見えます。この服はボタンを留めた状態で着用することにしました。

2　レースを固定する

場所が決まったらまち針で服に固定します。レースがずれないように、外側と内側に細かくまち針を打ってください。

ポケットはレースの上に付けました。まち針で固定しましょう。

3　ミシンで縫う

レースの端をぐるりと 1 周縫います。

レースは空間があいていますが、気にせずに真っすぐ縫ってください。

この服はボタンを留めた状態で着用するので、フロント部分のレースは、ボタンを留めたまま左右の身頃を一直線に縫います。

ポケットを元に戻しましょう⇒p.86 へ

スカーフを付ける

ハンカチだと小さめに収まるところが、スカーフは枠にはまらず大胆に使えます。カジュアルな服もスカーフを付けるだけでエレガントになるんです。四隅を服の中に入れようとしなくても2つの角が縫えればそれでよい。なんなら1か所だけ留まっているだけでいいかも。一枚の絵を服に付ける感覚で組み合わせて、どんどんはみ出していきましょう。ちなみに付ける時点で洗濯のことは1ミリも考えていません。

1　付ける場所を決める

服の好きなところにスカーフを置きます。スカーフの広い面が際立ち、風になびくシーンをイメージしながら配置するとよいかもしれません。

バイアステープの付け方
p.77

スカーフの輪郭に沿って、同系色のバイアステープを入るのもよさそう。

2　スカーフを固定する

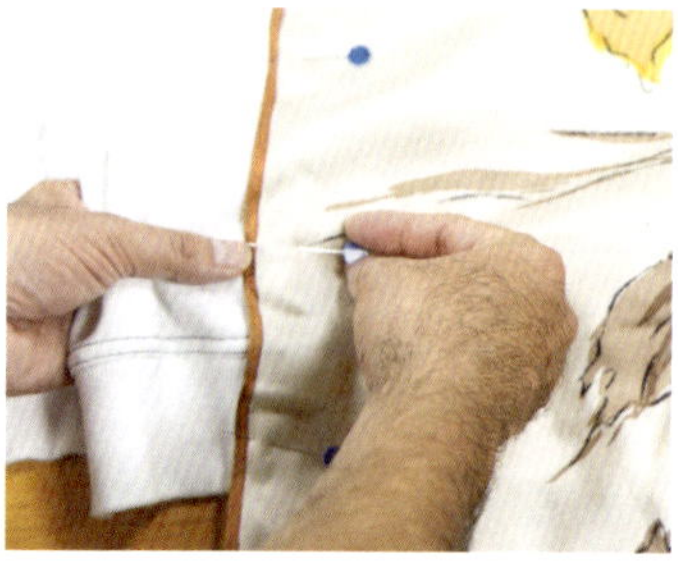

場所がずれないよう、まち針で服に固定します。生地がつるつるして滑りやすいので、指を刺さないように注意してください。多めに刺して固定するとミシンで縫いやすくなります。

スカーフをまち針で固定しました。

バイアステープを縫う場所はマジックで線を描いておきます。

3　ミシンで縫う

スカーフの端をミシンで縫います。

ごまかしポイント

- 服のプリントやモチーフなど、隠したい箇所にスカーフをのせると見えなくなります。穴やシミの上に付ければいちころ、派手に付いたシミも隠せます。
- ベースの服のイメージがなくなるくらい、できあがりの印象が変わります。赤いワンピースでもスカーフの印象のほうが確実に強くなります。

スカーフが付きました

服を元の形に戻しましょう⇒ p.88 へ

両折タイプ
を使っています

バイアステープを付ける

服の上にきれいなラインがひけます。色や素材違いのテープがいろいろあるので、ストックをたくさん持っているとリメイクのアイデアが広がりますよ。右袖から左袖に一本渡してみたり、同系色の毛糸を一緒に走らせたり、シミや穴を星座のようにつないでみるのもおもしろいかも。可能性がたくさんある素材だと思うんです。おもしろい使い方を見つけたら、ぜひ教えてください。

1　付ける場所を決める

服の好きなところにバイアステープを置き、付ける場所を決めたらマジックで下書きをします。

2　ミシンで縫う

両折りタイプのバイアステープの折り目を上にします。端を向こう側にして下描きした線の上に置きます。この場所にバイアステープが入るイメージです。

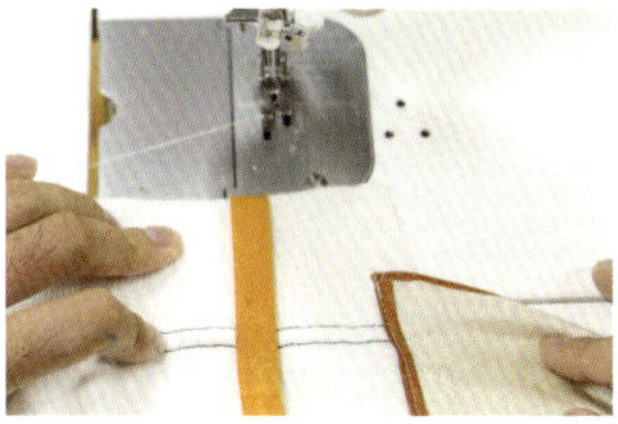

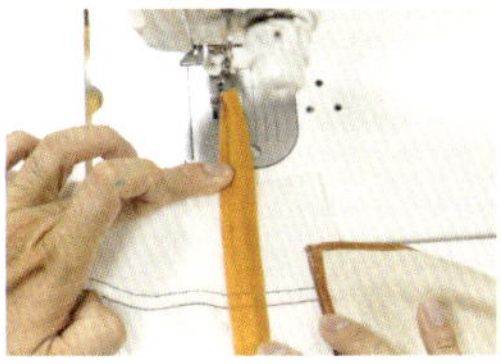

テープの左側を開きます。

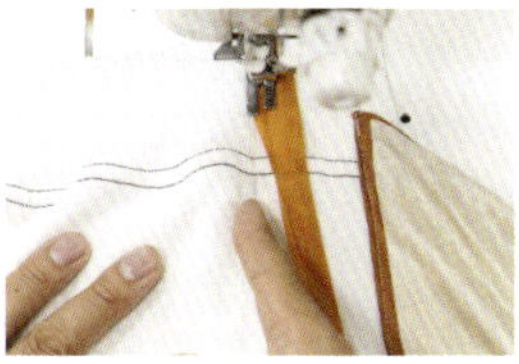

下描きをした線に、開いたテープの左端を揃えます。

テープの先端は服の内側に折ってください。左側の折り返し線の上をミシンで縫います。

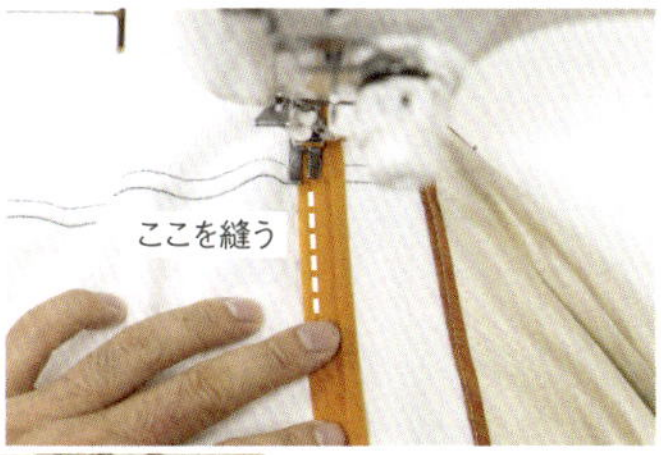

縫い終わりのテープの端は、服の裏に渡してそのまま縫います。多少縫い目がずれても大丈夫ですので、そのまま行きましょう。

端まで縫いました。

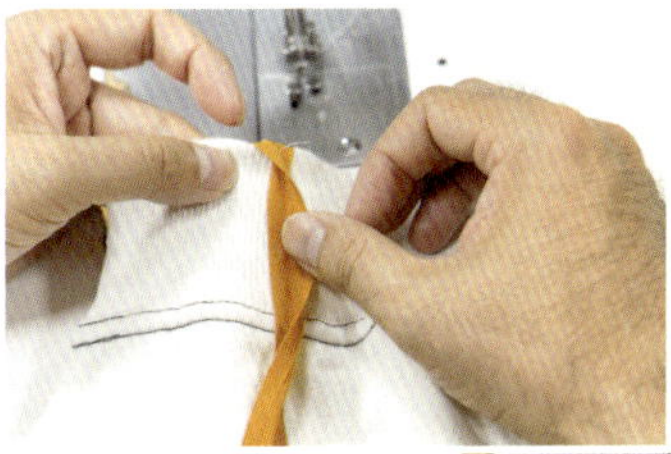

服の向きを180度回転します。バイアステープを返して元の状態に戻します。

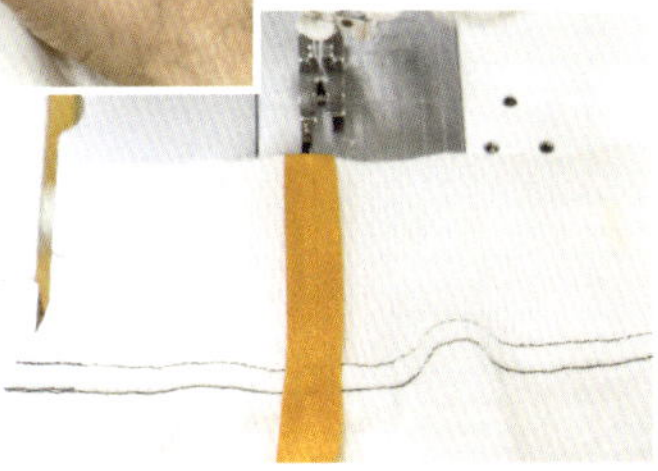

先ほどの縫い目が隠れて見えなくなりました。

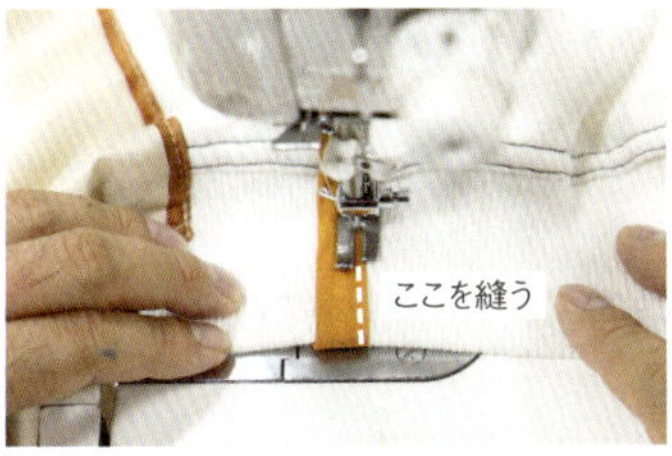

テープの右端をミシンで端まで縫います。

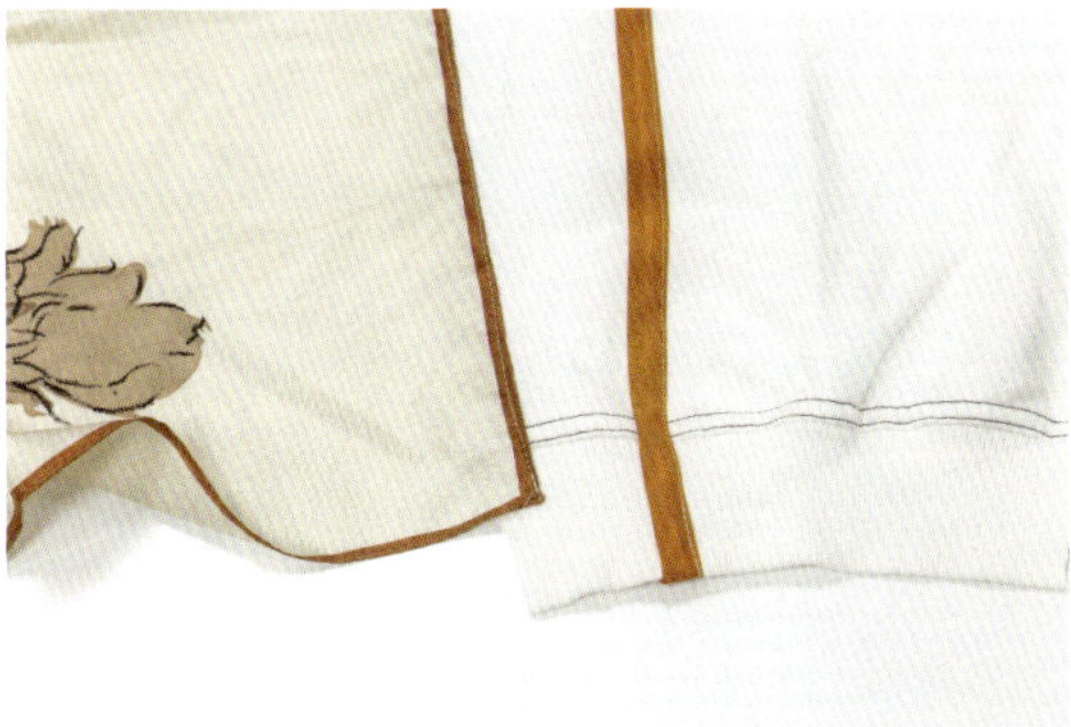

端は内側に折り込んで縫ってください。バイアステープが付きました。

ごまかしポイント

- うまく付けようとしないで、あえて雑に付けてください。おシャンティ気取ってんじゃないぞってね。僕はいまだにきれいに付けられませんよ。
- 付け方がわからなくなったら「バイアステープ」「付け方」で検索して動画を参考にしてみてください。アップリケと一緒で、付けるのがけっこう難しいんですよね。

パッチワークを付ける

パッチワークを使う時は、ぜいたくすぎるくらい付けるとインパクトが残ります。たくさん並べたり、角度を変えたり、裏側にして付けると自分が意図しない服ができあがるんです。ちなみにたくさん付けて、はみ出して、最後まで仕上げないのがやめるちゃん流。1～2枚付けただけではどうがんばっても市販品やブランドの服に負けてしまうので、どれだけ過剰にできるかを追い求めたら今のような感じになりました。

1　付ける場所を決める

服の好きなところにパッチワークを置きます。完成形をイメージしながら置いていきましょう。複数枚配置すると華やかになってカッコイイです。

パッチワークの角度や並べる方向を変えると動きが出ます。

2　パッチワークを固定する

並べたパッチワークをまち針で服に固定します。1 枚につき 2 か所ほど留めると安定します。

パッチワークをまち針で固定しました。

3　ミシンで縫う

まち針で固定したすべてのパッチワークの端をミシンで縫います。

ごまかしポイント

- パッチワークとパッチワークの間は針をあげずそのまま縫い進めてもよいんです。縫い目がつながっていてもばれませんし、ばれてもまったく問題ないです。
- 手縫いのパッチワークは裏面の縫い目がかわいいものが多いです。裏返して付けると洗濯のたびに変化が楽しめます。

パッチワークが付きました

パンツを元の形に戻しましょう⇒p.92 へ

脇を広げる

服を解体すると裾から脇、袖にかけてがばっと開くので、そこに布を付け足すと服の幅を広げることができます。小さいサイズの服をリメイクするときにこの方法を使えば、元のサイズよりもゆったりさせることができますよ。「途中でやめる」では、この部分に伸縮性のあるニット生地をよく使いますが、伸びない生地でもよいです。リメイクする服と反対の色を選ぶと存在感が出ます。

1 付け足す布を切る

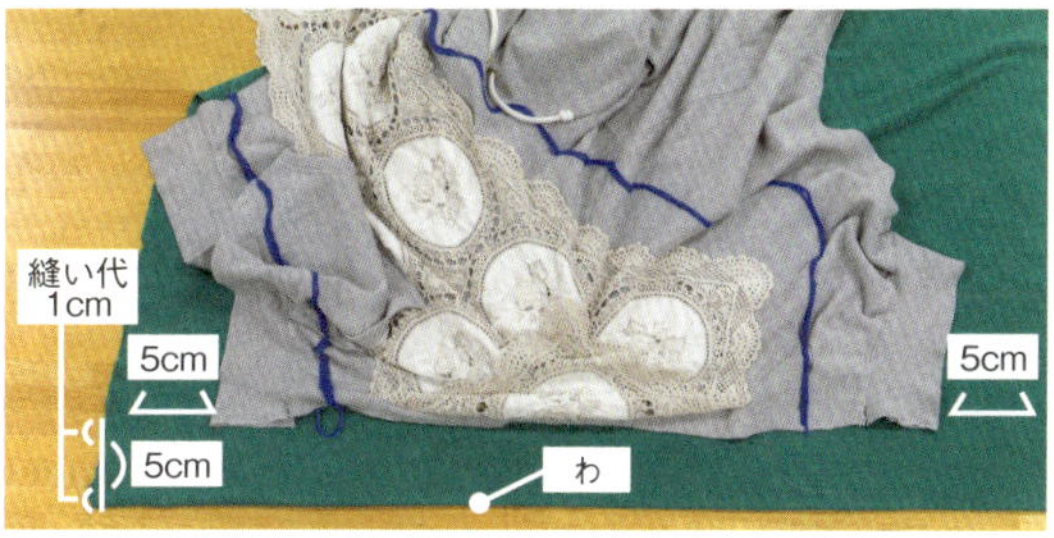

付け足す布を２つ折りにします（わを手前にする）。「わから服までの長さ」が広げる幅になります。今回は 5cm 広げます。この 5cm に縫い代（1cm ＋ 1cm ＝）2cm をプラスした、わから 7cm の場所に、袖から裾までをなるべく真っすぐにして服を置きます。左右に余分を 5cm ほど足して布を切ります。

今回は 5cm 広げることにしました。お好みで好きな幅にしてください。

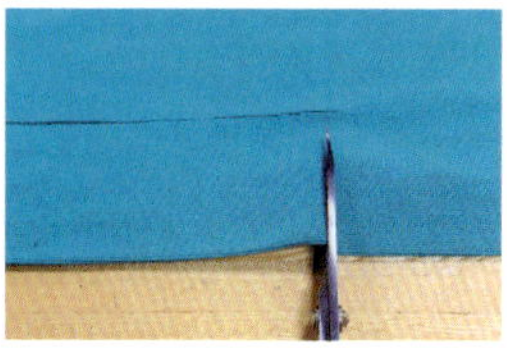

布の左右の長さは、袖から裾口より長めに確保しておくと何かあった時に安心できます。

わの部分を切ります。

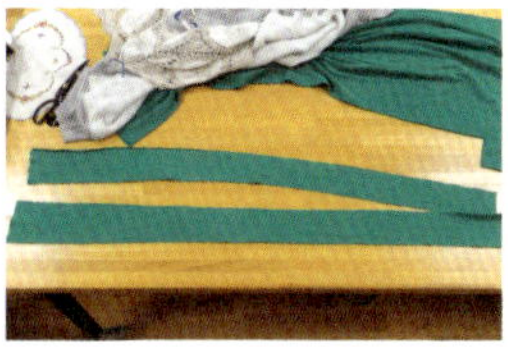

布が２枚できました。

2 付け足す布を固定する

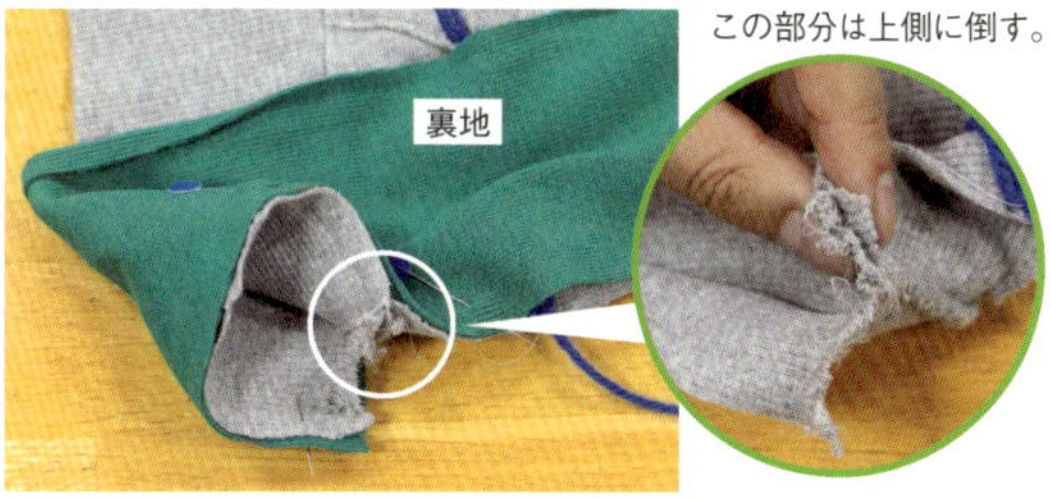

１の布を、袖口→裾の順にまち針で固定します。袖と裾のリブは、布でくるむくるむようにします。

3 ミシンで縫う

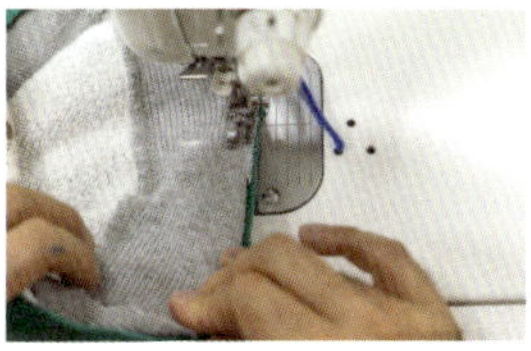

ミシンで布を縫います。裾リブからリブ袖まで、縫い代 1cm で一気に縫います。

反対側も同様に縫います。布の端を合わせながら縫うときれいに仕上がりますよ。

布の端を折り返さずに垂らすとこのような仕上がりに。デザインのアクセントになってかわいいですね。

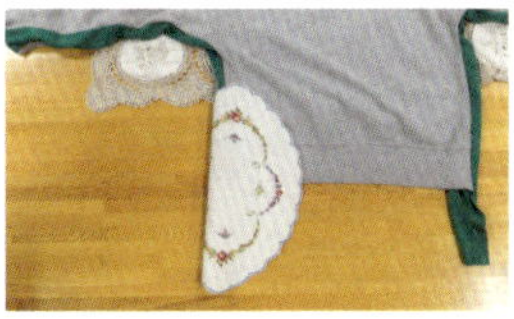

服の上に他の素材をプラスしてもよいですよ。

ごまかしポイント

- 左右で布の長さが合わなくなったら、足りない部分にレースやフェルトを重ねて縫うとなんとなくよい感じに収まります。足りない部分には布を足すとどうにかなります。
- 付け足す布は内側に縫い込まずたらしてもよいです。

ポケットを元に戻しましょう⇒p.86 へ

ハンカチを付ける

小さくてかわいくて使い勝手がものすごくいいんです。服の真ん中に置いたり、ひし形にしてみたり、服から飛び出すのもいいですね。同じ商品が数枚セットで売られていることがあるので、それらを並べて柄にするのもありです。小さいハンカチをコートにたくさん縫うのもいい。何枚か並べたり重ねるだけで絵になりますよ。p.81 のように、ハンカチ自体を袖にすることもできます。

1 付ける場所を決める

服の好きなところにハンカチを置きます。完成形をイメージしながら置いていきましょう。白いハンカチはレースのようにも見えますね。

服から飛び出してもよいですね。こんな感じで場所を決めました。ハンカチがはみ出しているところに袖を付けたくなりました。

2 ハンカチを固定する

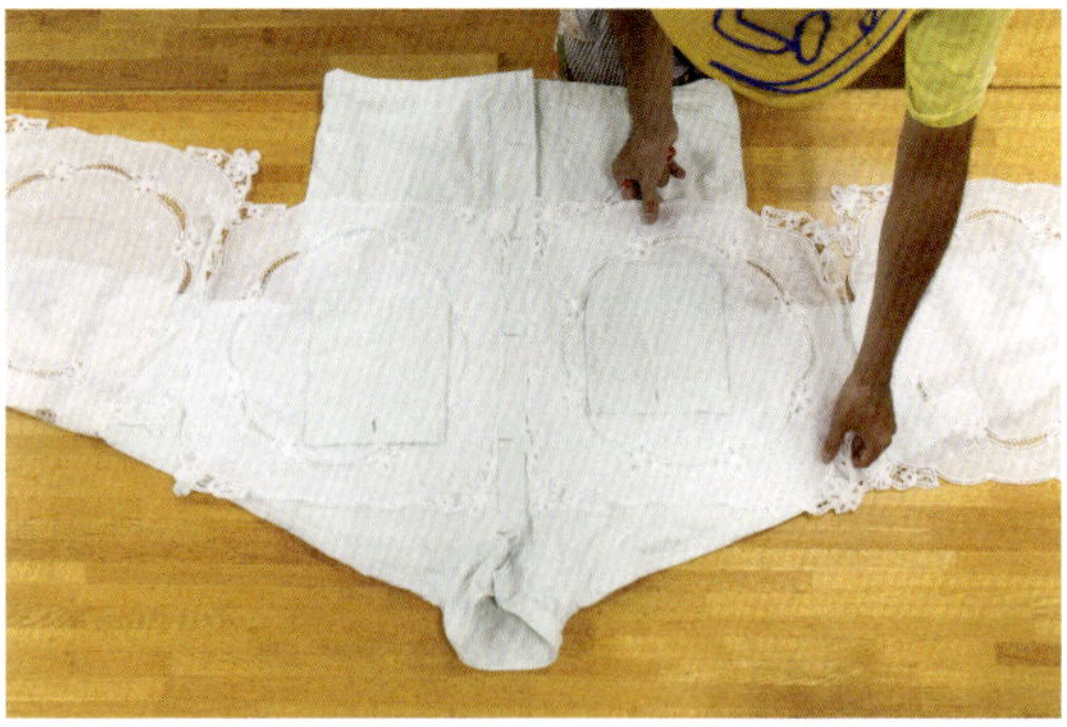

まち針で服に固定します。ポケットがある服はあらかじめ取り外し、ハンカチの上にポケットを置いてみましょう。より売り物感がでますよ。

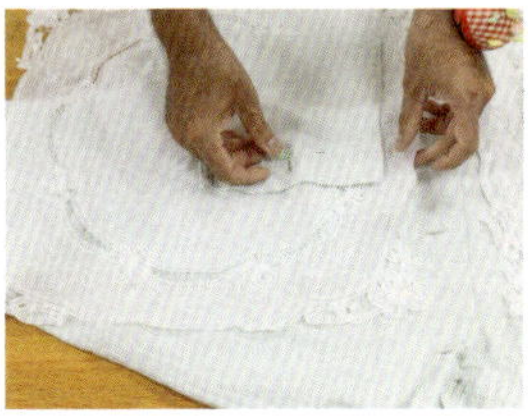

ポケットは先にハンカチに付けておきます。ポケットをまち針でハンカチに固定し、袖にはハンカチを固定します。

3 ミシンで縫う

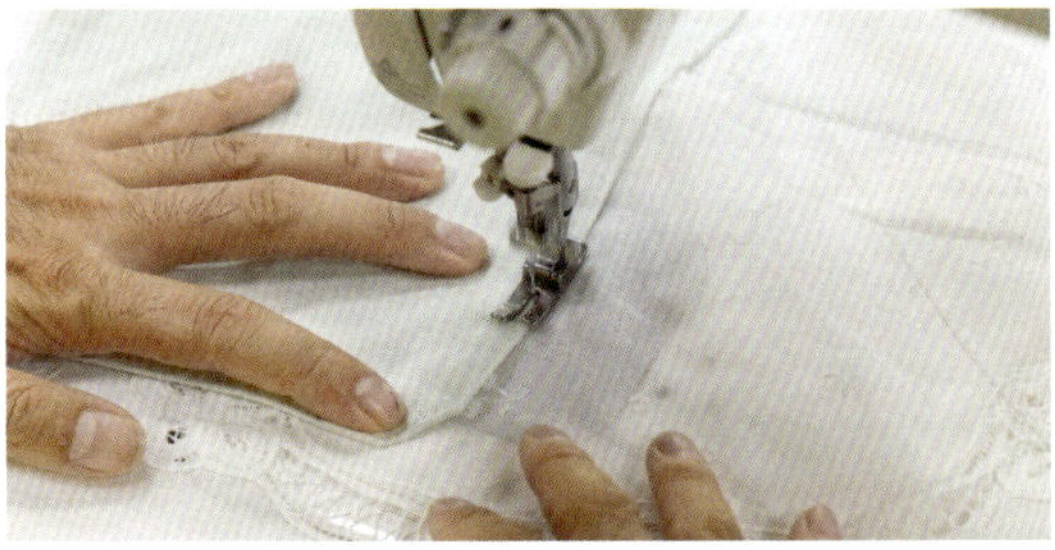

服にハンカチを付ける前に、ハンカチにポケットを縫い付けます。服にハンカチを縫い付けます。

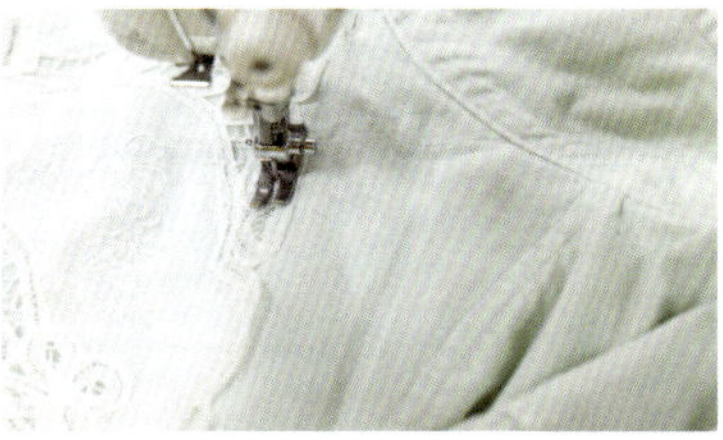

ポケットの縫い目の上を縫うようにしてください。

ごまかしポイント

- ハンカチ自体が商品としてできあがっているので、服に付けるだけで完成度が高まります。売り物の服のように見えますよ。とても使いやすいので初めての人におすすめ。
- 1 枚だけ付けると違和感が出てしまいますが、複数枚（4 枚とか）付けると良さがぐっと際立ちます。

ハンカチが付きました

ポケットは p.86 で付けます！

袖を付けたしたくなったので⇒ p.81 へ
ハンカチの上にボタンを出すなら⇒ p.91 へ

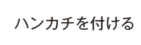

袖を付け足す

短い袖を伸ばしたいとき、この方法で袖が長くなります。半袖が長袖になるので、夏物を冬物にリメイクすることもできますよ。新しい袖を作るイメージで好みの生地を付け足してみてください。ただし、袖を付けただけだととって付けた感が出てしまうので、継ぎ足した部分の上に素材をプラスすると全体がうまいこと馴染みます。縁に飾りのあるハンカチを使えばかわいい袖先になりますよ。

1　服の袖をカットする

袖が付いたイメージをしましょう。今回はハンカチを袖として付けることにしました。

袖口の縫い目を切ります。

袖下線の縫い目をリッパーでカットします。

脇下の近くまで糸を切ってください。

2　新しい袖を作る

別布を２つに折り、カットした袖に当てます。袖を延長するイメージで、作りたい長さと形の袖の形をマジックで描き、カットします。縫い代はそれぞれ2cmくらい確保してください。袖の型ができました。

型をハンカチにのせ、同じ形に切ります。袖口にレースが残るとかわいいですね。同じものを２つ作りましょう。新しい袖ができました。

3　ミシンで縫う

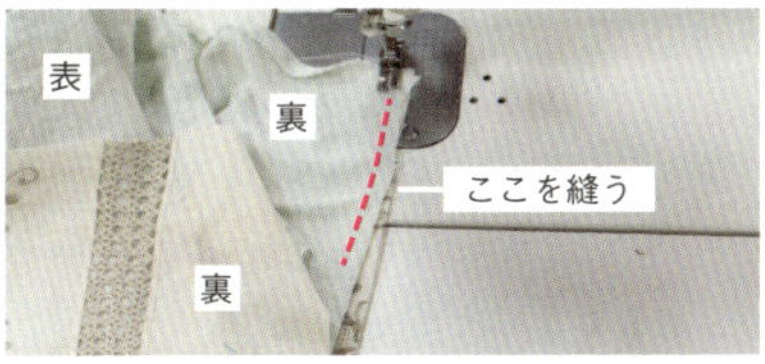

カットした服の袖口と新しい袖の袖口を、内側が表になるように合わせます。

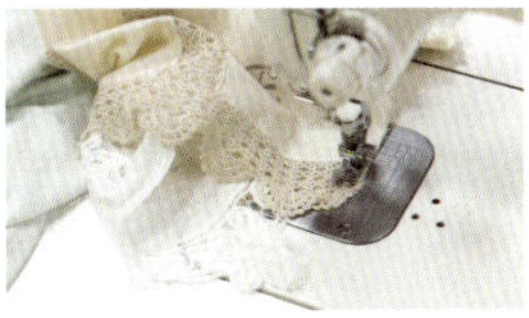

縫い代 1cm で袖口を縫います。袖がついたら、袖下線を縫い代 1cm で縫います。もう片方も同様に縫ってください。

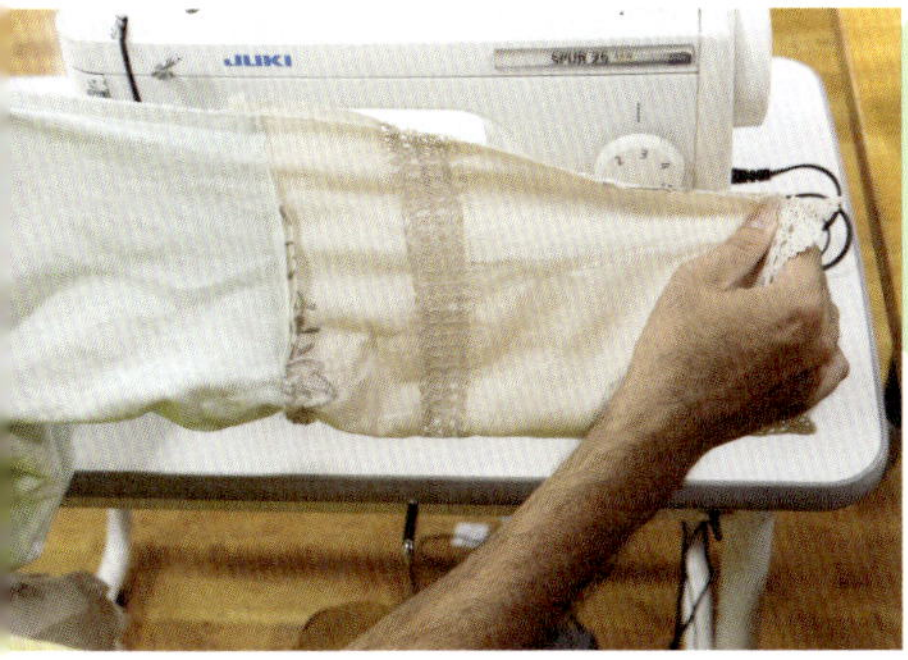

袖が付きました

袖の上にハンカチを付けてみました。

ごまかしポイント

- 緑飾りが付いたハンカチを使うと、飾り部分が袖口になってかわいく仕上がります。
- 「途中でやめる」ではリブ用の生地を使うことが多いです。定規を使わないので、伸び縮みする生地だと安心。帳尻が合わせやすいです。

素材の組み合わせ方

複数の素材を同じ熱量で配置してしまうと、それぞれの主張が反発して良さが半減したり、ちぐはぐになることがあります。素材同士は①主役の素材を決める、②他の素材で主役を補助する、のイメージで組み合わせるとバランス良く配置できますよ。メイン素材に同系色のバイアステープや毛糸を合わせたり、メインの周りに小さなモチーフを置くなど、少し意識するだけでレイアウトが劇的に変わります。

毛糸を付ける

線を描くように毛糸を服に縫い付けていきます。風景写真や子供の絵なんかを下描きして、その線を毛糸で再現できたらものすごく良い１着が完成するんじゃないですかね。このＴシャツは絵画をトレースして毛糸を縫いました。

レースを付ける

服の前部分すべてにレースを付けました。シャツとレースの柄が合わさった不思議なグラデーションになっています。レースの隙間から服の色や柄がちらっと見えるのがいいですよね。

初めての人がやりがちな「盛りすぎ」にも注意。付けすぎてコテコテに見えてしまうことも。モリモリにたくさん付けるのもいいですが、２色だけ使うとか、何かしらのルールを設けるとバランスがよくなります。

ハンカチを付ける

同じ絵柄のハンカチがたくさん手に入ったので１着にたくさん付けてみました。小さめのハンカチがなせる業です。もちろんトップスやジャケットに付けても。絵柄が斜めになるように付けると動きが出ますよ。

パッチワークを付ける

１か所だけでは味気ないですが、数か所に付ければベースの服のイメージが薄らぐくらい印象が変わります。このシャツはパッチワークをひし形にして肩から裾まで並べました。裾からはみ出せば特別感が出ます。

パッチワーク＋レース＋布

ピンク色のシャツの胸部分に白と赤のレースを置き、その周りにパッチワークや布を配置しました。同系色でまとめた中に緑色の布がアクセントになっています。

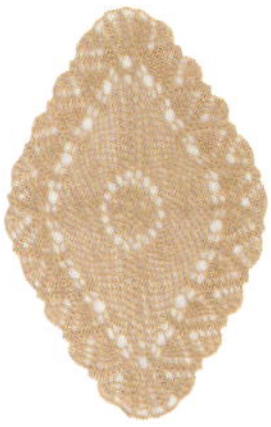

ハンカチ＋レース

小さめのハンカチを3枚配置して周りにレースを置きました。レースを付けたポケットの下にハンカチを潜り込ませています。レースもハンカチも白ベースをセレクト。

毛糸＋ハンカチ

前面から左袖にかけてハンカチを縫い付け、その周りを囲むように毛糸を付けました。糸の色はTシャツに馴染むよう同系色を選んでいます。

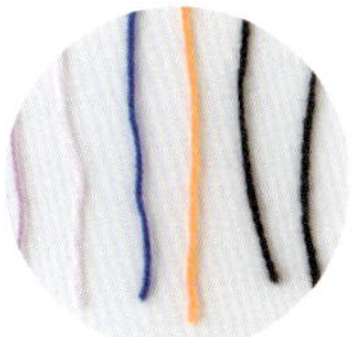

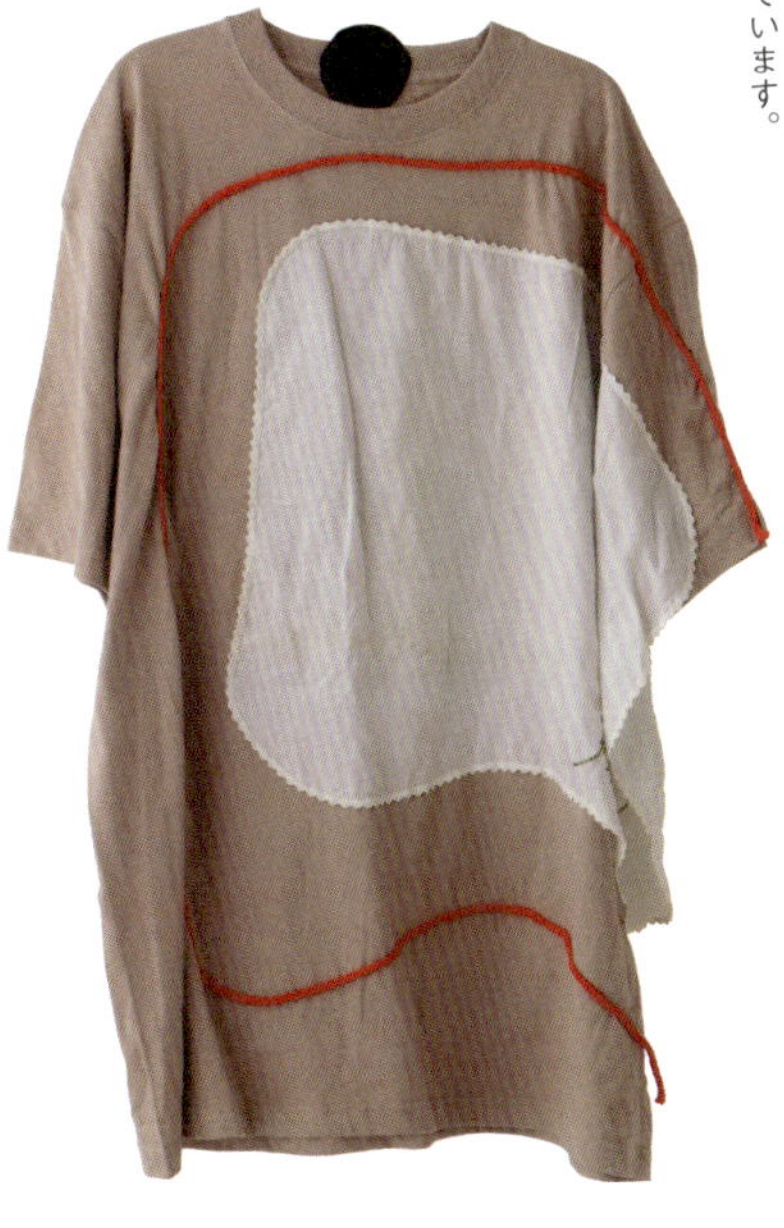

レース＋フェルト

大きなレースを中央に置き、その下の服を切り抜きました。服の中央部分が大胆に抜けています。レースの上にフェルトで作った「野草」の文字を置いた「野草シリーズ」です。

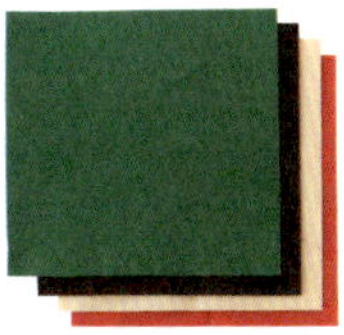

さあ、いよいよですよ。
もう完成していると言い切ってもいい。
ポッケや脇が縫われてないだけ。
できあがる前の今、このあたりが一番好きかもしれない。
もう、いいんじゃないですか？
脇が開いている服もあるから、これでいいかも。

完成寸前って、めちゃくちゃ魅力的に見えるんですよ。
そんな服売ってないし、完成が描けるからなのか。
でも、ここから鼻息荒くして縫うのも、また楽しいですよ。

そんで、ここから要注意なのが、このへんで針が折れます。
やたらと折れます。
神様が最前席で見ているんでしょうね、
焦りすぎじゃぞ！ みたいな感じで、違うところにチカラが入っちゃって。
そんで、21時過ぎてんだな、これが。
どこの店もやってないの。
明日の朝まで待てなくて、手縫いで縫ったらコラー！
最悪やんけ、となるのもいい思い出。
力まずにやってこー

4 ポケットを元に戻す

p66の2で取り外したポケットを服に戻します。服に付けた素材の上に縫い戻すので、もともとそこにあったような、そういうデザインだったようにも見えます。元の場所に戻すのがベストですが、あえて別の場所に移しても。お好みでどうぞ。わざわざポケットを外しているので、下になんの素材も入れないのはもったいないですよ。

薄地のポケットを戻す

付いていた場所にポケットを置き、ミシンで縫います。元の縫い目をなぞるように針を入れるときれいに戻りますよ。服とポケットの間に素材が入っているので、厚みが出たりずれやすくなっていることも。そんな時は細かくまち針を打っておくと安心です。

1 ポケットを固定する

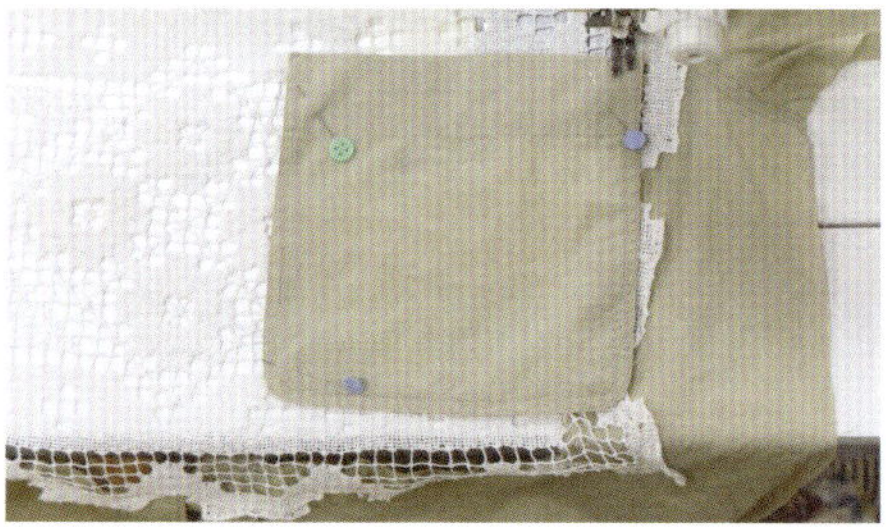

ポケットを付いていた場所に置き、まち針で服に固定します。

2 ミシンで縫う

元の縫い目の上をなぞるようにミシンで縫います。ポケット口の両端は返し縫いをして丈夫にしておきましょう。

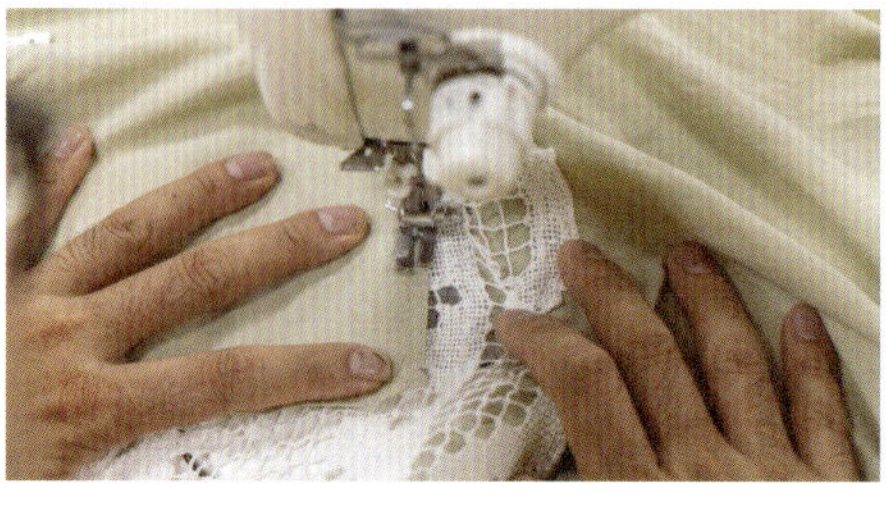

ポケットの周りをぐるりと縫ってください。

厚地のポケットを戻す

こちらもポケットを元の場所に戻します。パーカーは、裾リブと重なっている部分がつながっているので、それ以外の場所を縫ってください。ポケット口の角の部分は厚みがあるので、重なっている布をカットしてもよいです。きれいに縫えると、もともとそういう服だったように周りの人が錯覚することもありますよ。

1 ポケットの下に素材を入れる

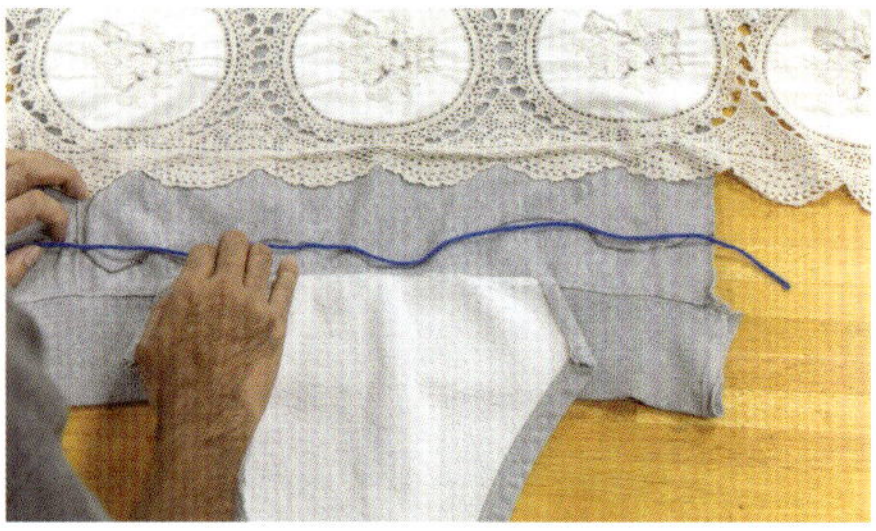

ポケットを戻す前に、ポケット下の服に付けたい素材があればミシンで縫っておきましょう。

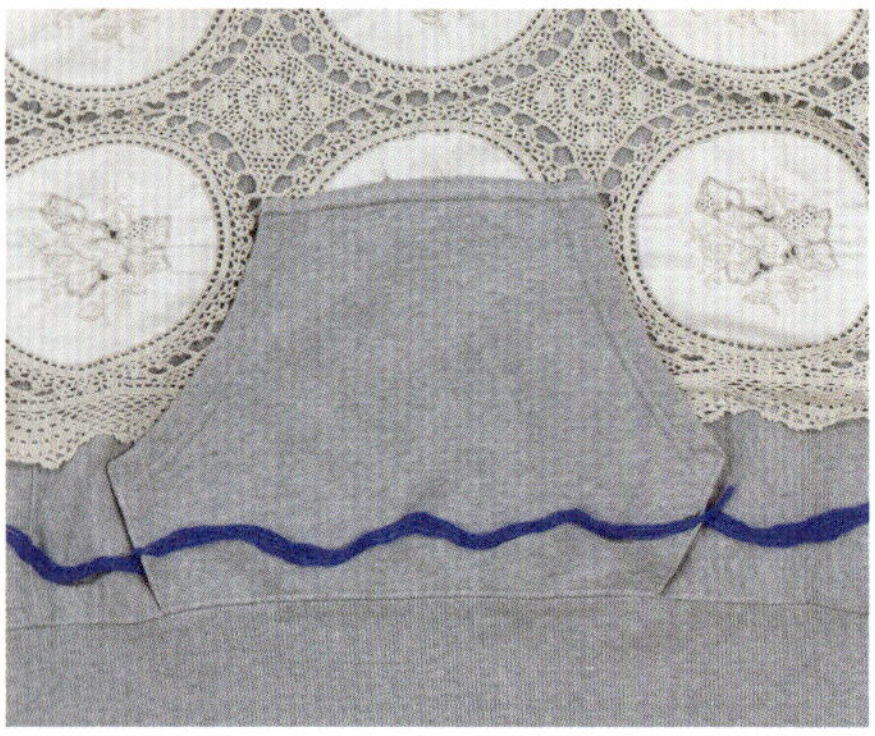

ポケットには毛糸を、ポケットの下にはレースと毛糸を縫いました。

ポケットの端から縫っていきます。

ポケット口の両端は返し縫いをして何度か繰り返してみてください。

ごまかしポイント

・ポケットは元の場所に戻すことをおすすめしています。バランスがとりやすく、きれいに縫えると既製品のように見えます。場所を移したいときはお好みで。

2 ポケットを固定する

ポケットを元の場所に戻し、まち針で固定します。

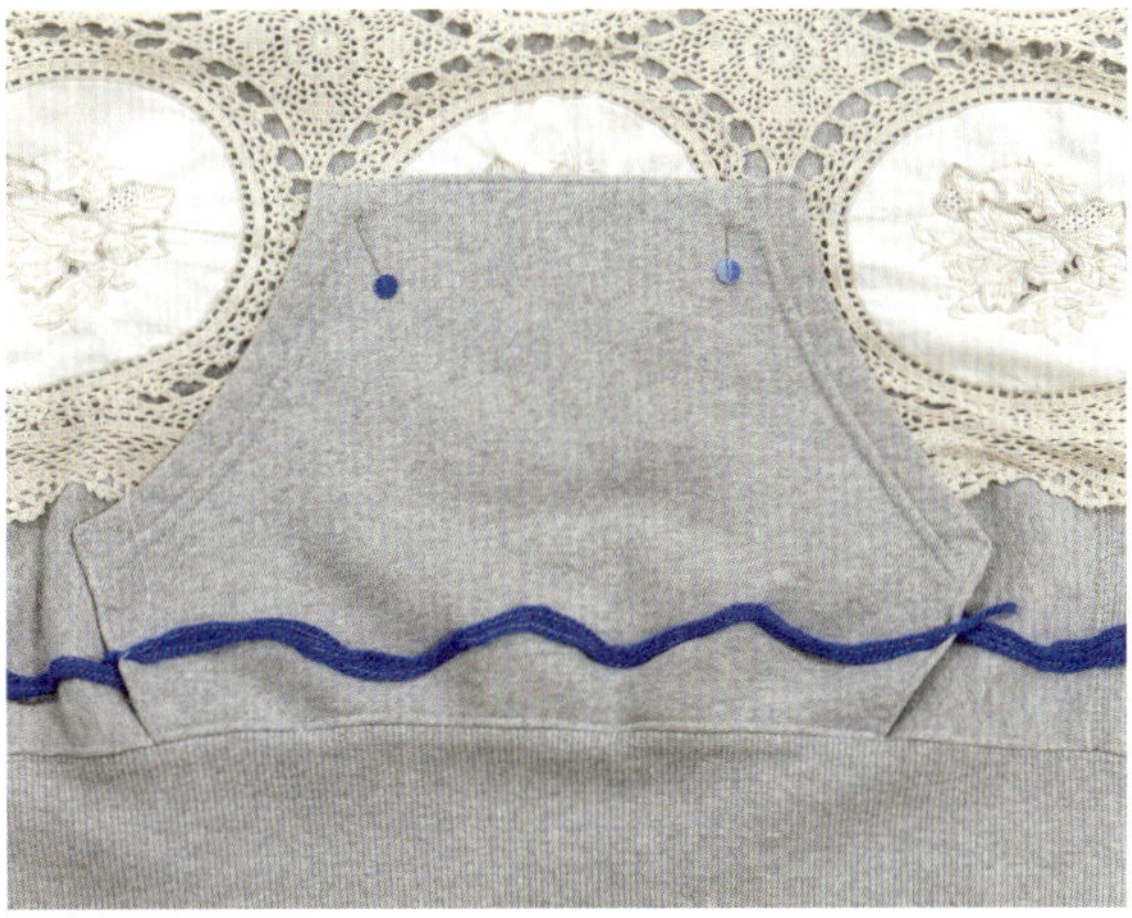

このポケットの場合は 2 か所くらい留めればよさそうです。心配な人はもう少し固定してもよいですよ。

3 ミシンで縫う

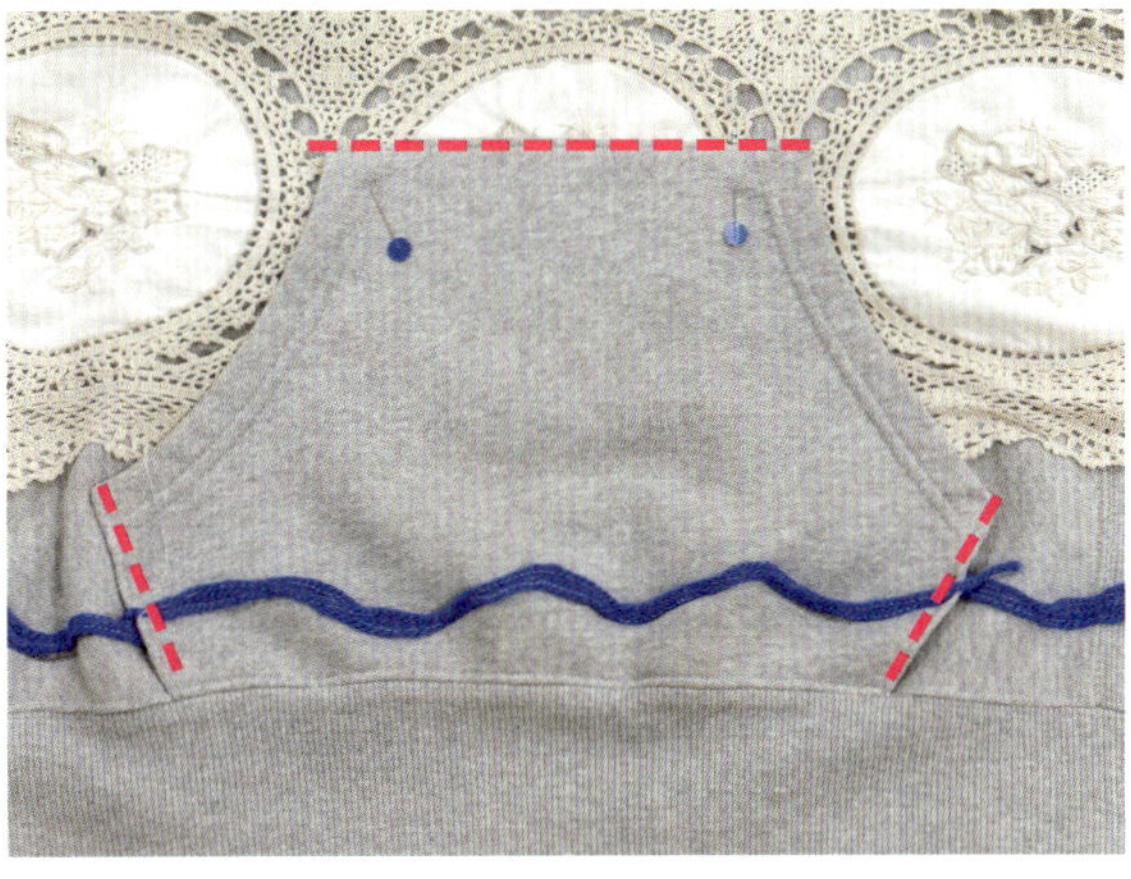

破線の部分をミシンで縫います。

服を元の形に戻しましょう⇒p.88 へ

5 服を元の形に戻す

いよいよリメイク最後の作業、解体した際の手順を巻き戻すように、リッパーやはさみで切った部分をミシンで縫って服を元の形に戻します。基本的に、袖と裾の端と端が揃っていれば大丈夫。縫っているうちに多少ずれてしまっても、縫い終わりのつじつまが合っていればよしとします。

Tシャツ・スウェットを元の形に戻す

袖口から裾まで、糸をカットして解体した部分をミシンで縫います。最初と最後の布端が合っていればよいので、途中でずれたらどちらかを引っ張って長さを揃えてください。伸びる生地はこういうときに万能です。平面だった服が立体になる過程は、服を作っている感じがして楽しく進められると思います。

1 袖口～裾を縫う

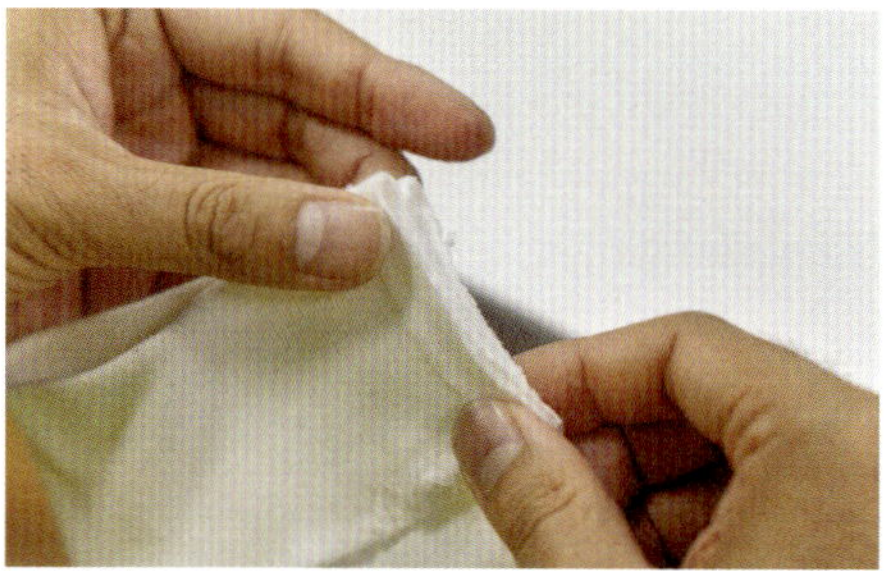

袖口から裾までの縫い代を、内側が表になるように合わせます。

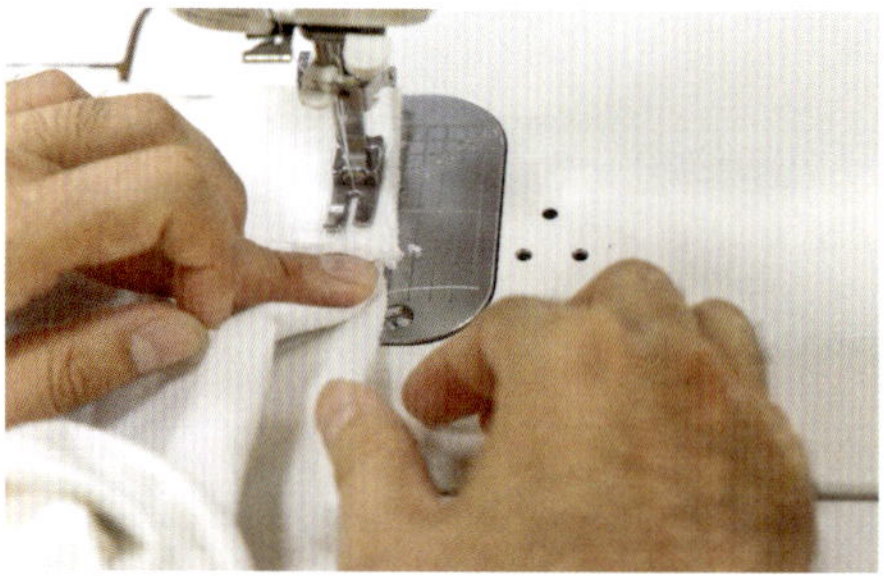

合わせた袖口から裾までを、縫い代1cmで縫います。あらかじめまち針で何カ所か固定しておくと、ずれずに縫うことができます。

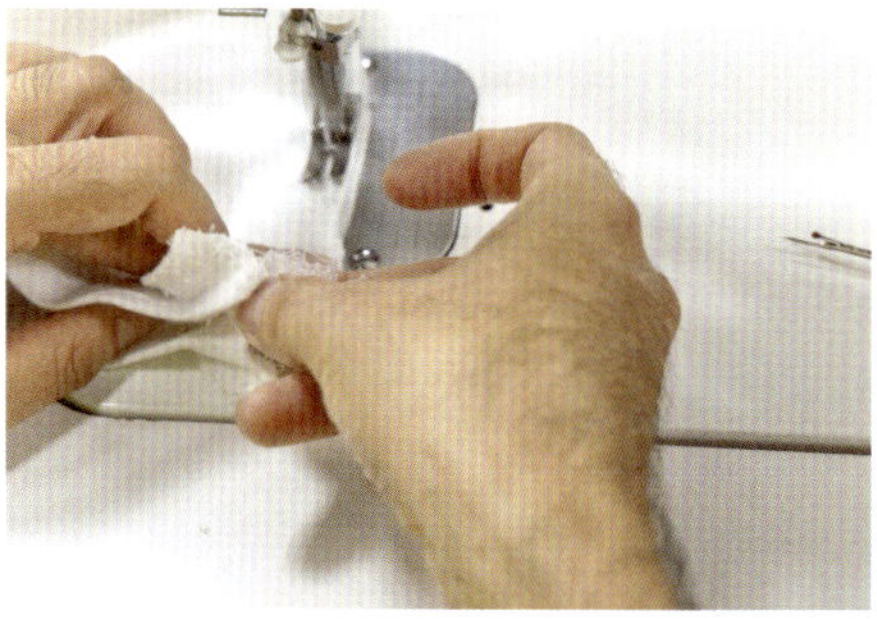

裾まで縫いました。

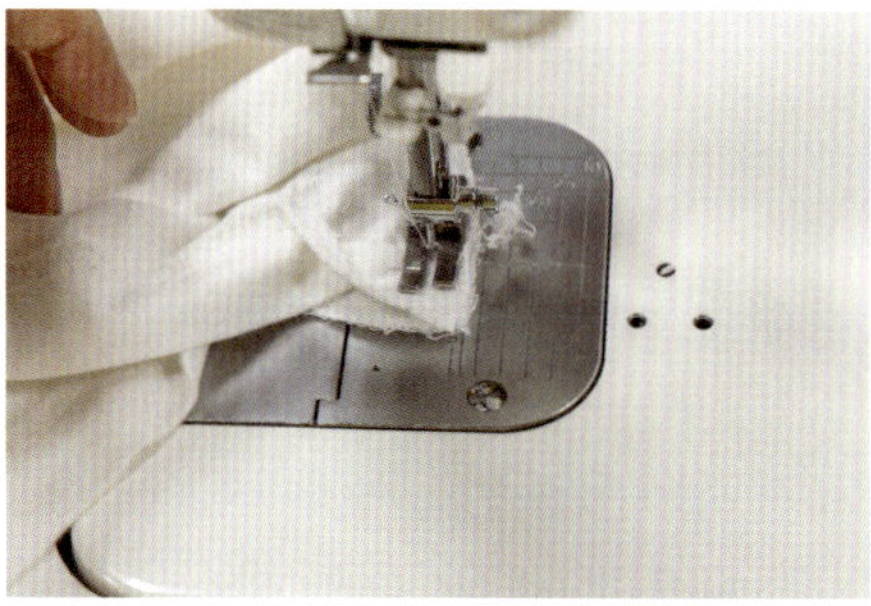

裾の折り返し部分は布を返して合わせ、そのまま最後まで縫ってください。

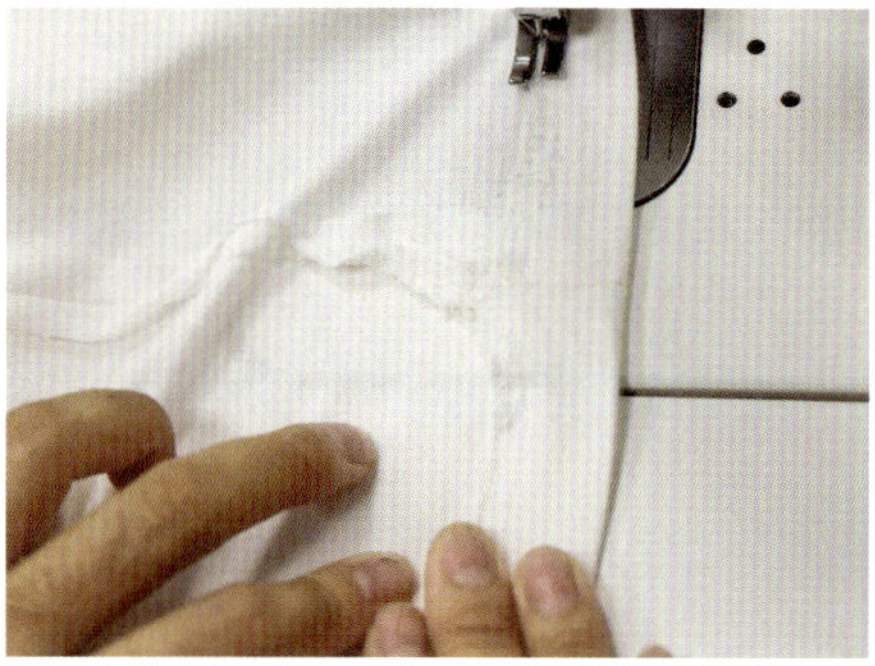

縫えました。

2 裾を縫う

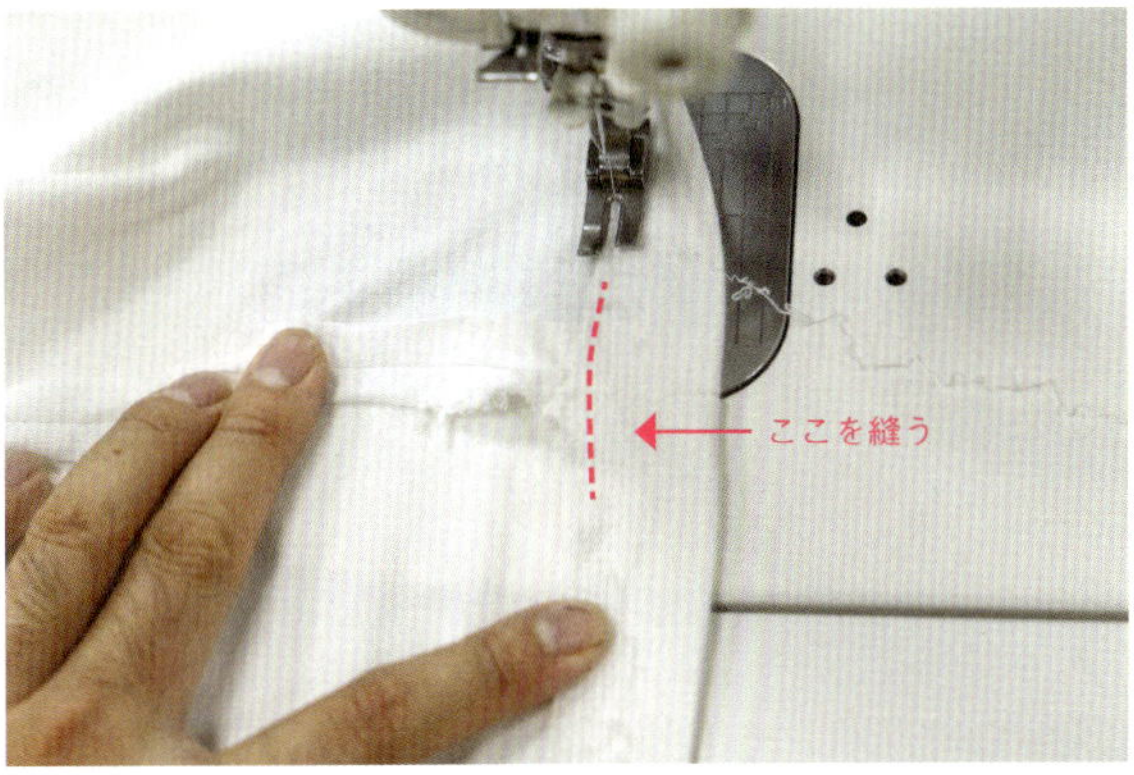

リッパーで糸をカットした裾部分を縫います。縫う場所は糸をカットした部分だけでよいです。

反対側も同様に縫いましょう。服を表に返します。

ごまかしポイント

・縫い始めと縫い終わりを揃えるときれいに仕上がります。途中でどちらかの布が短くなっていることに気が付いたら、短い布を少し引っ張り、長さを揃えながら縫ってください。縫い終わりが同じ長さになっていれば OK です。
・どうしても縫い終わりの布の長さが合わなかったら、縫い目の上に素材を付ければ見えなくなりますよ。

3 タグを付ける

シートフェルトを、直径 8cm の円形に切ります。

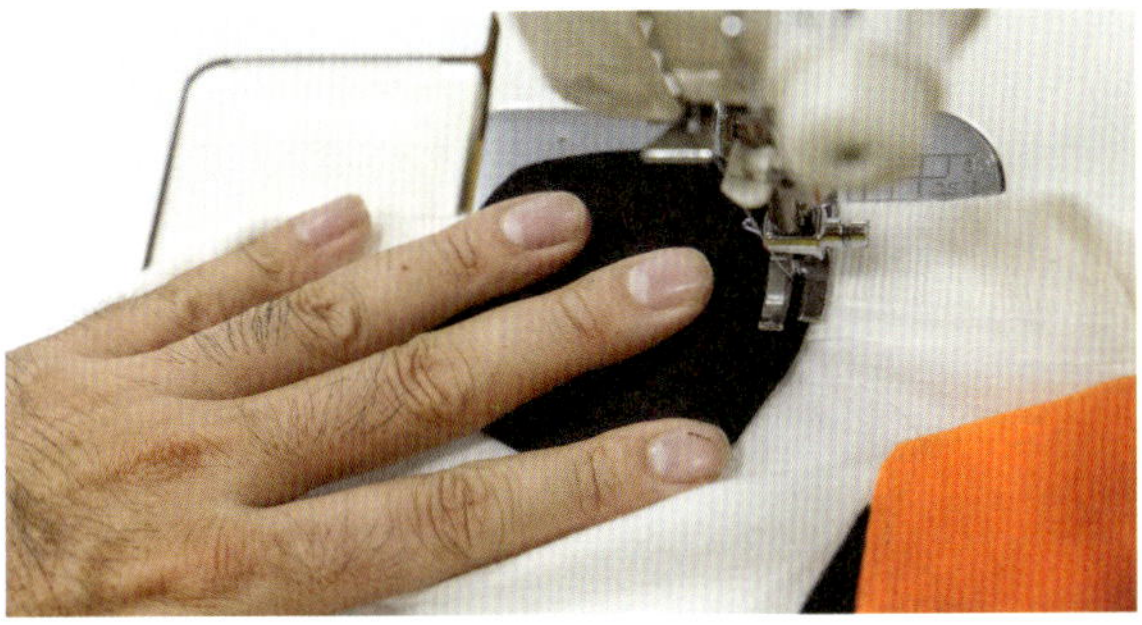

服のタグ部分に縫い付けます。

長袖 T シャツが完成しました!

前開きのシャツを元の形に戻す

まず袖口から裾までを縫い、その後カフス部分を元の形に戻します。カフスのギャザーが戻ればもう100点です。ほとんどのシャツは生地が伸びないので、引っ張って長さの帳尻を合わせることができないのが注意点。写真には出てきませんが、最初にまち針を打っておくと、長さが合った状態で作業が始められるので縫いやすくなります。

1　袖～脇下を縫う

袖口から裾までを中表にして合わせ、縫い代1cmで袖から裾まで縫います。あらかじめまち針で何か所か固定しておくと、ずれずに縫うことができます。

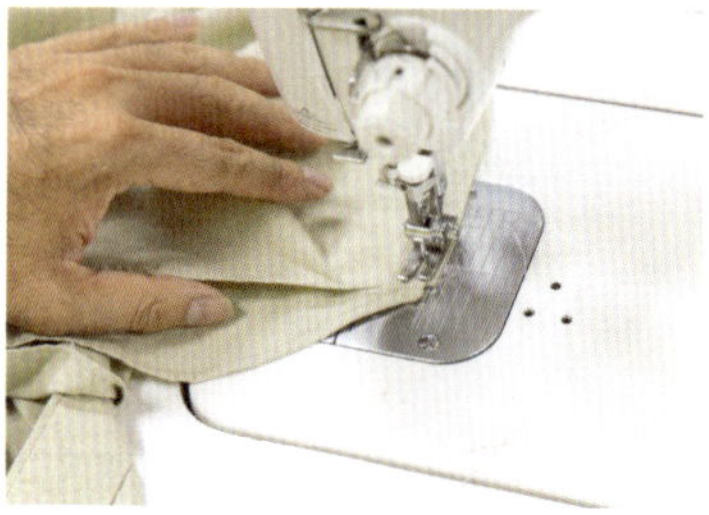

裾まで縫いました。多少生地の端が合わなくてもそんなに気にしないでよいと思います。反対側も縫ったら服を表に返します。

2　袖口を縫う

袖の生地をカフスの中に入れ、カットした部分を縫って元の形に戻します。

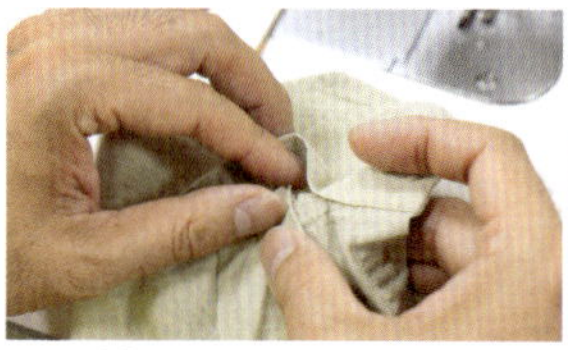

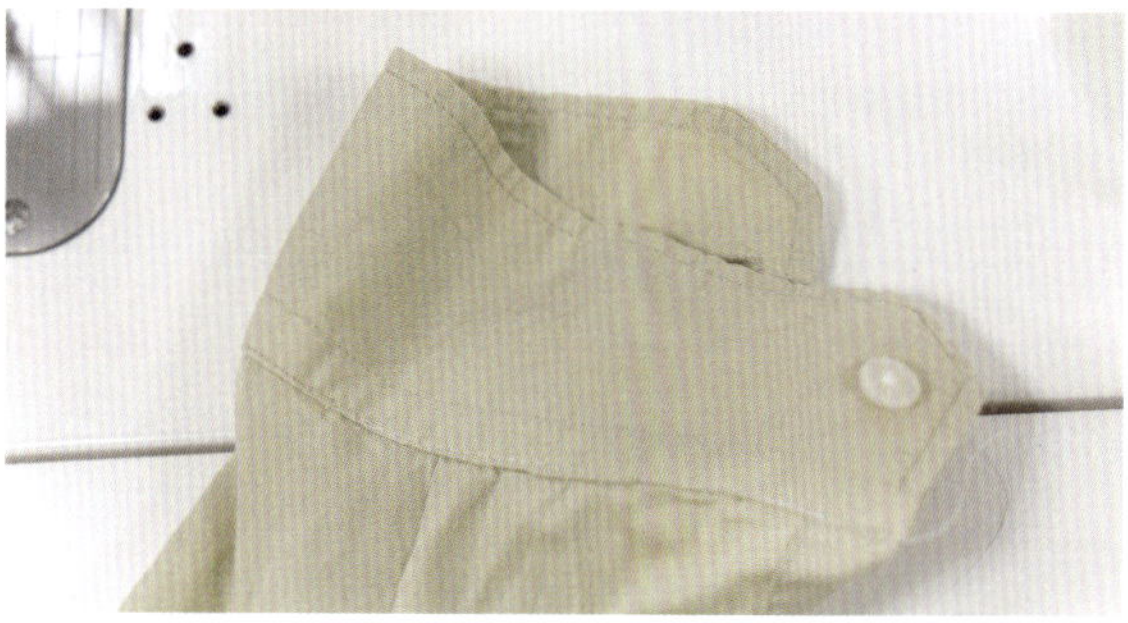

袖口が元に戻りました。

反対側も同様に縫いましょう。

ボタンを表に出す

付けた素材によって隠れてしまった服のボタンは、素材に切れ目を入れて表に出しましょう。最初から素材の上に付いていたかのごとくナイスな見た目になります。ボタンの半径ほどの切り込み切れ込みを入れ、そこからするりとボタンを外に出しましょう。

この部分のボタンを出します。

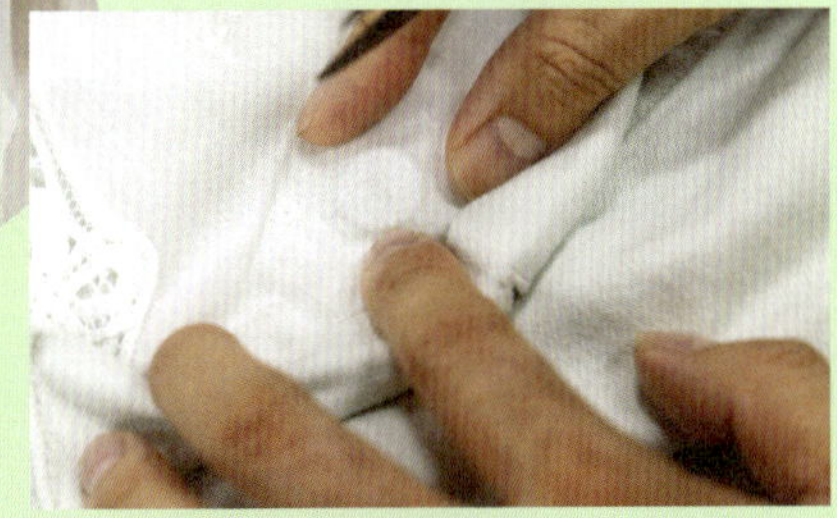

ハンカチに隠れているボタンの位置を特定します。

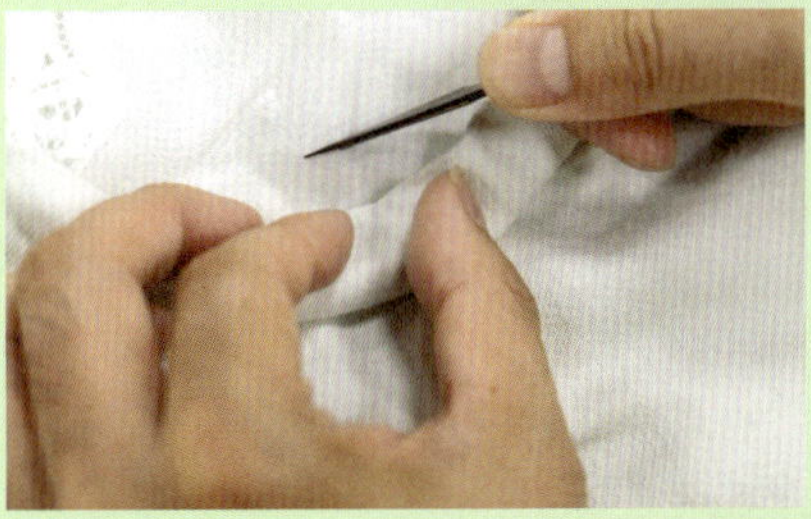

ボタンの上のハンカチを、糸切りばさみでカットします。ボタンの半径ほどの長さの切り込みを入れるとよいですよ。

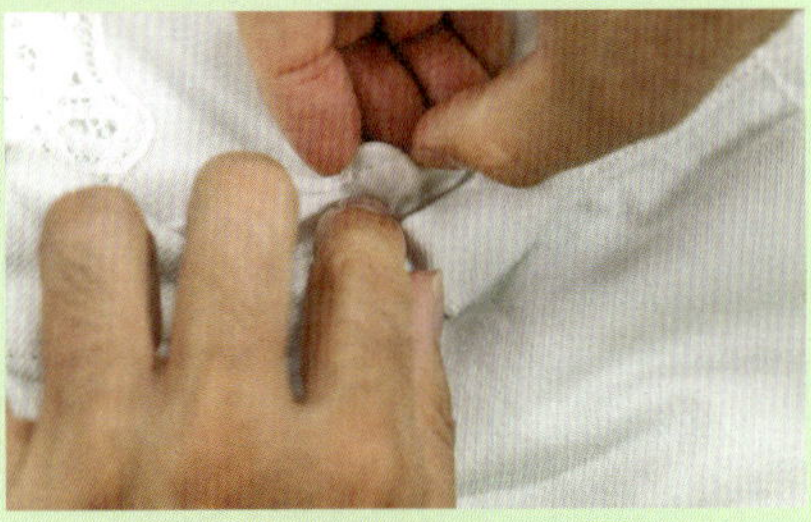

切り込みからボタンを出します。

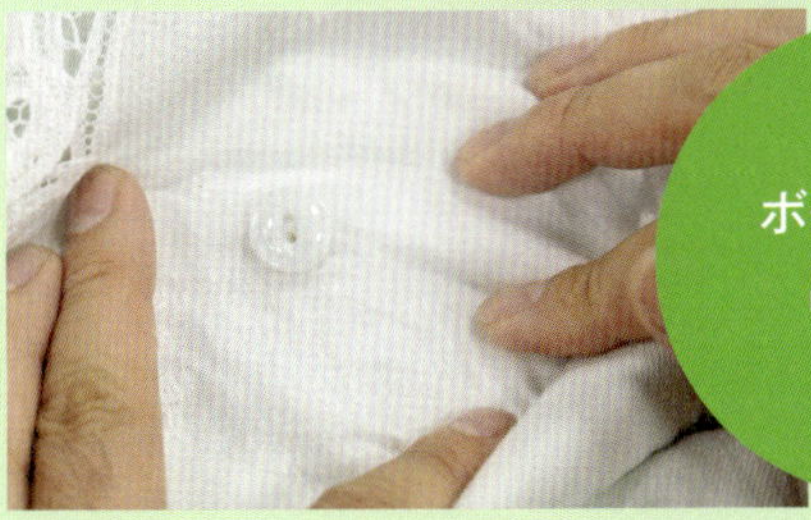

ボタンが表に出ました

3 タグを付ける

シートフェルトを、直径 8cm の円形に切ります。

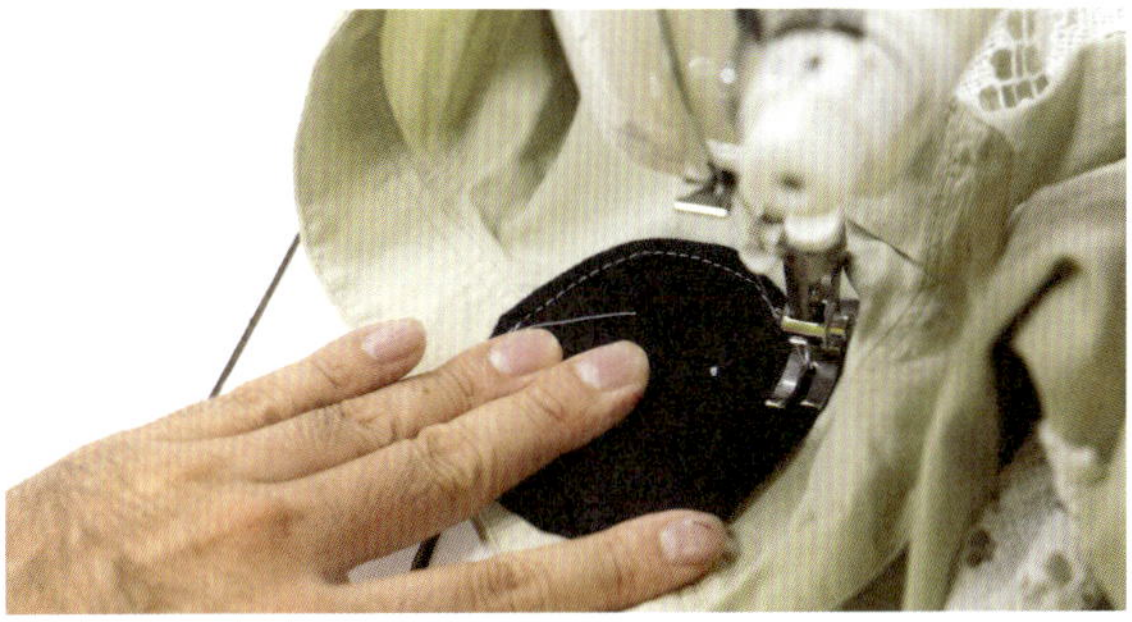

服のタグ部分に縫い付けます。

ごまかしポイント

- 多少生地の最初と最後が合わなくても、カフスが戻せれば服に見えるので大丈夫。途中は気にしないでよいですよ。
- 解体した工程を巻き戻すイメージで縫います。カフスを縫う時は袖のギャザーを戻しながら縫ってください。

前開きのシャツが完成しました！

内側をカットしたパンツを元の形に戻す

裾から股まで一直線に縫ってから、裾の折り返し部分を縫って元の形に戻します。直線なので縫いやすいですが、布地がずれそうなときは最初と最後、真ん中らへんをまち針で固定してから縫うとよいですよ。縫い始めと縫い終わりが揃うときれいに見えます。

1 内股を縫う

パンツを裏返します。片方の内股の裾の縫い目を合わせてミシンにセットします。

糸をカットした部分を縫い直すように、裾から股まで縫い代1cmで縫います。

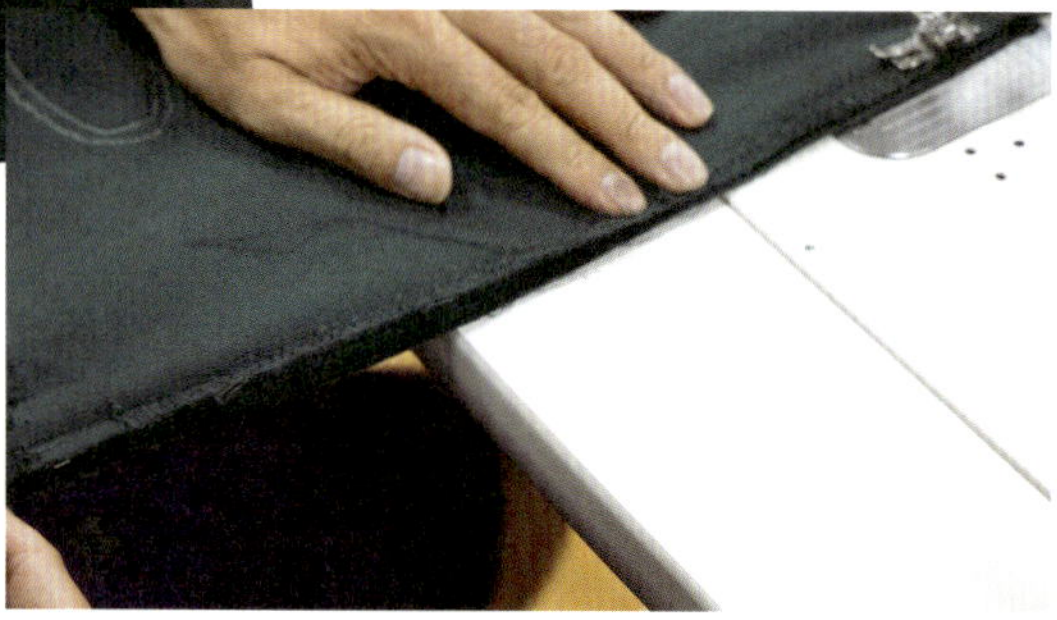

縫い終わりが揃うように、生地を引っ張りながら縫い進めてください。

2 裾を縫う

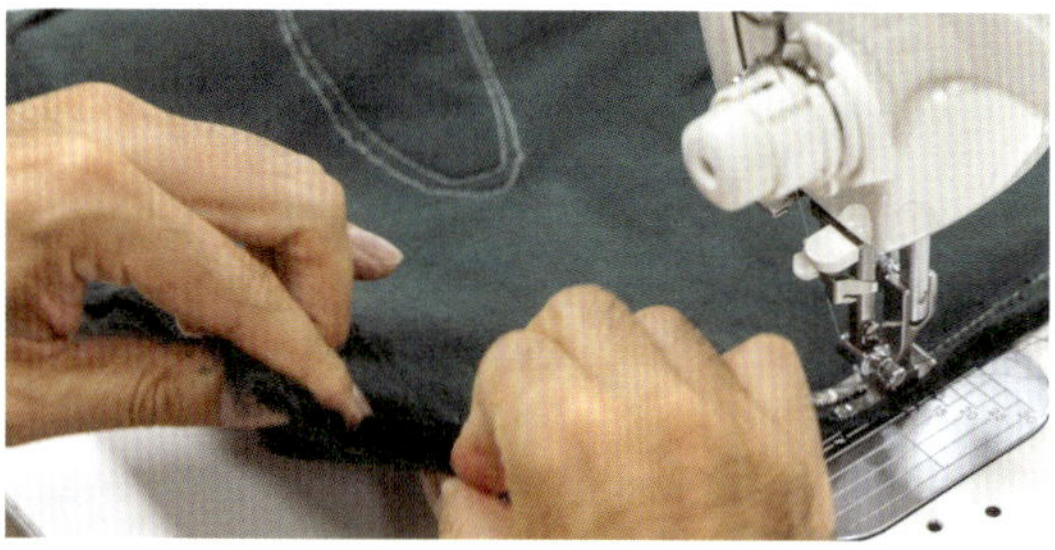

裾の折り返し部分を元に戻し、糸をカットした部分を縫います。表に返したら完成です。

ごまかしポイント

・内股部分に素材が入り込んでいるとおもしろいデザインになります。縫うときに素材を入れて一緒に縫ってしまいましょう。

パンツが完成しました!

外側をカットしたパンツを元の形に戻す

ウエストから裾まで一直線に縫ってから、裾の折り返し部分を縫って元の形に戻します。ベルトループもポケットも、気にせずにどんどん縫ってください。ポケット部分に何かのデザインを入れられるとおもしろいですよ。

1　外側を縫う

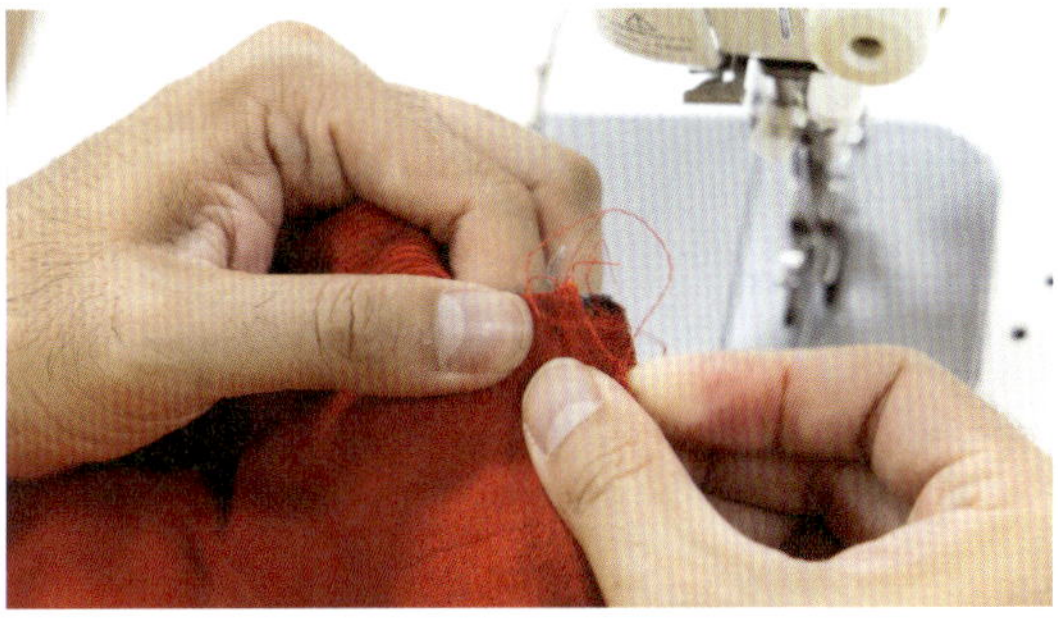

パンツを裏返し、前後の生地の縫い目を合わせます。

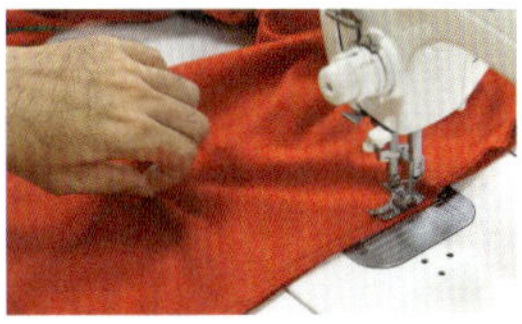

ミシンにセットし、カットした糸を縫い直すようにウエストから裾まで縫い代1cmで縫います。

裾は折り返しを伸ばして布端を揃え、そのまま縫いましょう。

ごまかしポイント

- シルエットに影響が出やすいので、できるだけ元の縫い目の上を縫ってください。
- 縫うときに素材を一緒に入れるとおもしろいデザインになります。毛糸の柄をつなげて入れているときは、縫い目がずれないよう意識してください。

2　裾を縫う

裾の折り返し部分を元に戻し、糸をカットした部分を縫います。

最後に返し縫いをして表に返します。

パンツが完成しました!

完成しました

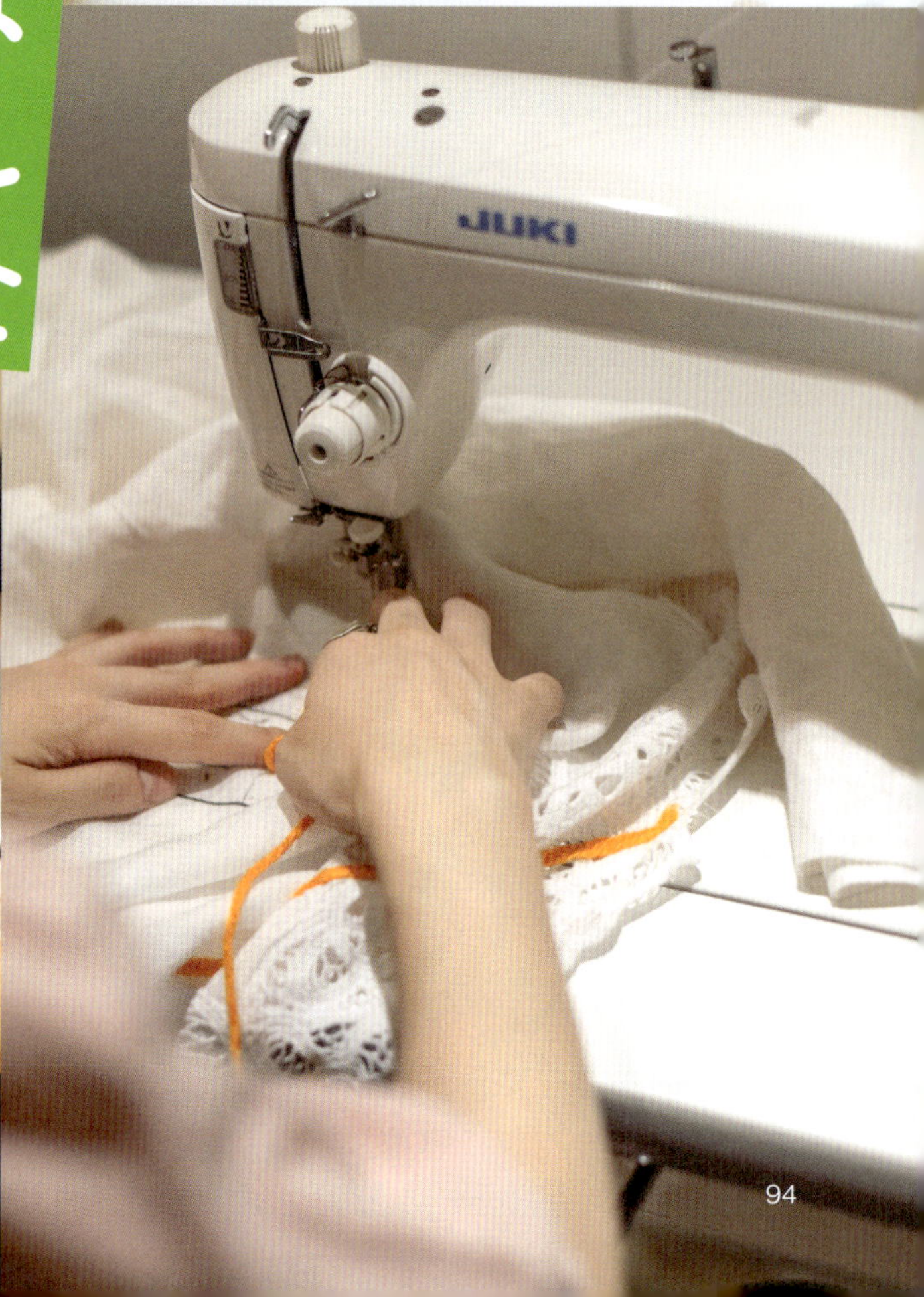

さっそく着てみましょう

出かけましょう！

途中でやめる の服づくり

山下陽光が主宰するリメイクブランド「途中でやめる」の服の作り方を紹介します。公開していいの？ とさんざん言われましたがいいんです。隠すことでもないですし、今の時代全部オープンにしていったほうがよくないですか。作り方を公開してもその通りに作る人って、この本を買ってくれた読者の中で1%もいないんじゃないかな。なので1着作ったら一気に45位くらいに入れます。2着作ったらもうトップ3。実際に作った人がいたら「#途中でやめないごまかしリメイク」で投稿して本当に作れたか教えてください。お待ちしています。

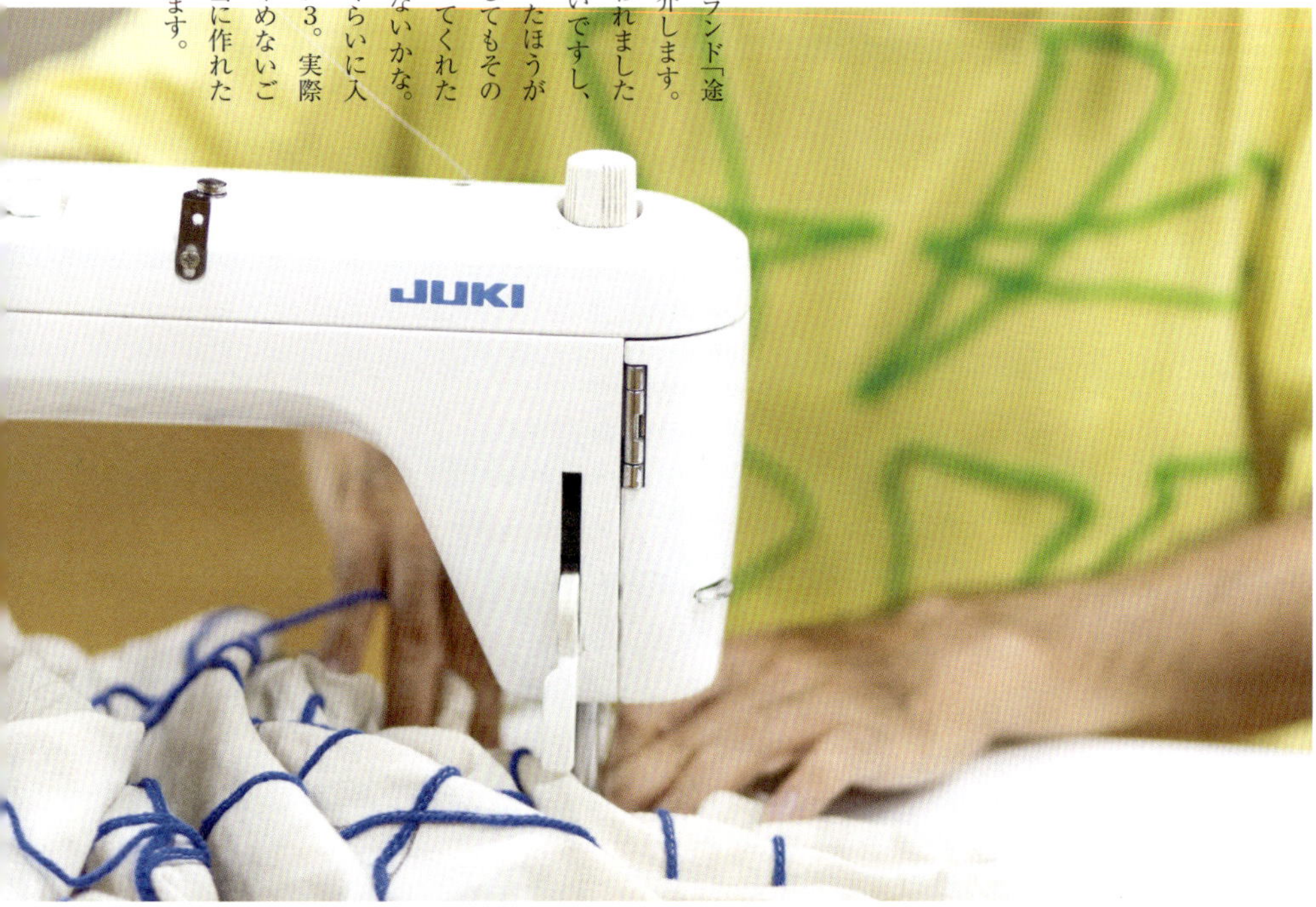

「途中でやめる」の服づくり

まるT

「途中でやめる」といえばこの服。もとはロゴやプリントを隠すために服の中央を丸く抜いたのが始まりです。四角だときちんと縫わないと四隅がつれてしまいますが、円だと縫い目が3～5cmずれても成立しちゃう。ごまかしのすべてが詰まった服です。

材料

- Tシャツ　1着
- 好きな布　50cm角以上
- シートフェルト（黒）　8cm角
- 紙（Ⓐ43cm角、Ⓑ49cm角）各1枚

下準備

- 紙にⒶ直径43cm、Ⓑ直径49cmの円を描き切り抜く。上下左右に合印を入れる。

Tシャツの中央にⒶの型紙を置き、マジックで円を描きます。合印も忘れずに写してください。裁ちばさみで円を切り抜きます。

好きな布の上にⒷの型紙を置き、マジックで円を描きます。合印も忘れずに写してください。裁ちばさみで円を切り抜きます。

Tシャツを裏返します。円状にカットした穴の上に、❷の布を裏面を上にして置きます。Tシャツの円の線をめくりながら布の合印と合わせ、まち針で固定していきます。

合印を合わせながら、縫い代1cmで円の端をぐるりと縫います。縫い始めと縫い終わりは返し縫いをします。縫い終えたら服を表に返します。

シートフェルトを直径8cmの円形に切り、タグ部分にミシンで縫い付けます。

- 半袖も長袖も作り方は一緒。円は好きな布で作ってください。
- 最後の縫い目が合わなそうだったら、服を引っ張ったり円の布をカットして縫い終わりを合わせましょう。

「途中でやめる」の服づくり

くるんくるんシャツ

毛糸を連続模様で縫い付けたデザイン。1本の線は一筆書きのように服を1周してつながっています。どこかで線を止めてしまうと切った毛先がモケモケするのでずっと縫っていたかった。だからこの模様に。服を回転させながら縫いましょう。

材料
・シャツ　1着
・毛糸　お好みで
・シートフェルト（黒）　8cm角

下準備
・シャツを解体しておく。
　前開きのシャツを解体する⇒ p. 58

1

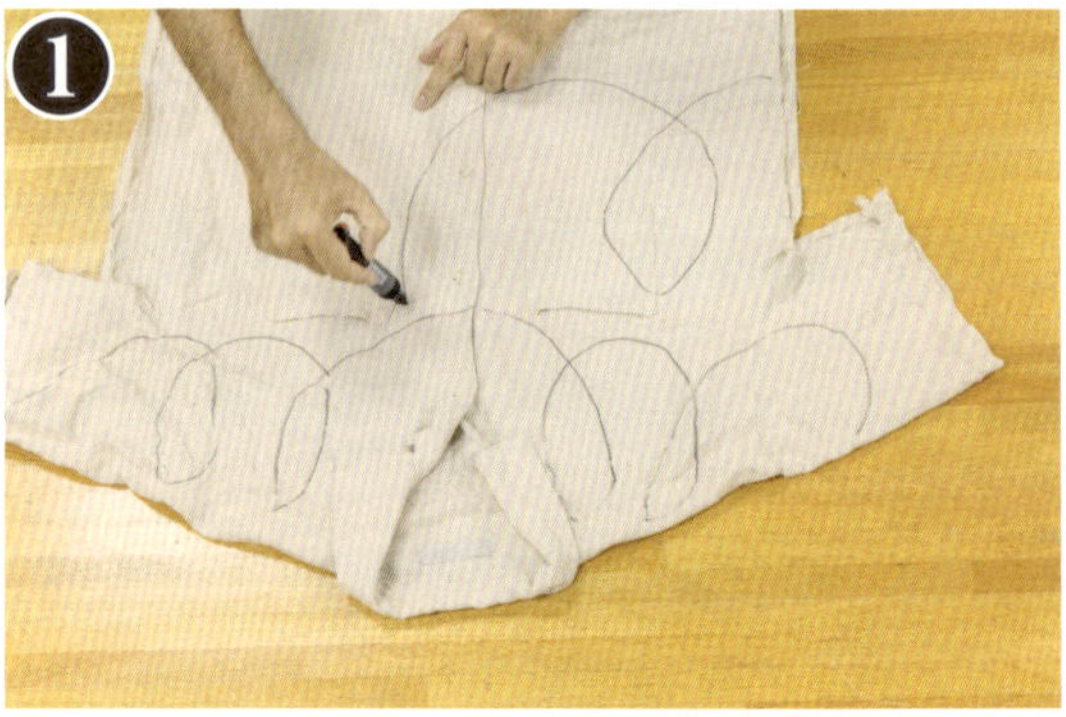

シャツの前面にマジックでくるんくるんの線を描きます。シャツの開きは気にせず、一筆書きのように、線をつなげて描いてください。

襟にもくるんくるんを描きます。

後面にも描きます。前面から後面にかけて、線がつながって見えるように描いてください。

ポケットを取り外し、ポケットの上に描いた線を、ポケットの下にも描いておきましょう。

2

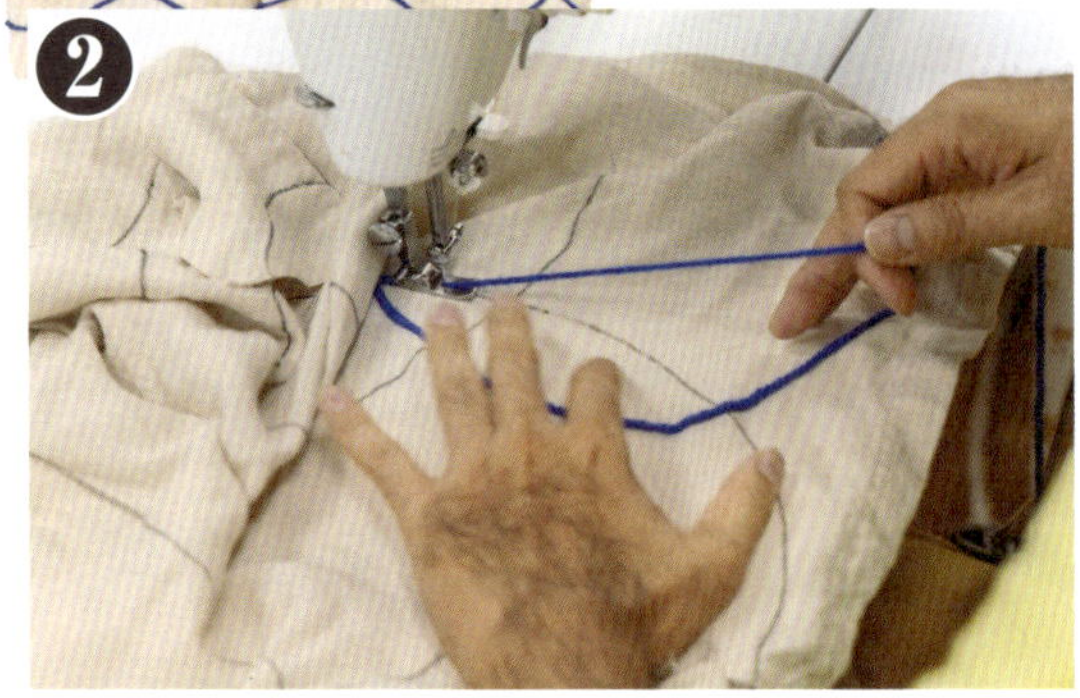

❶の線の上を毛糸で縫います。目立たないところ（脇部分など）から縫い始めるとよいでしょう。毛糸の付け方⇒ p.72

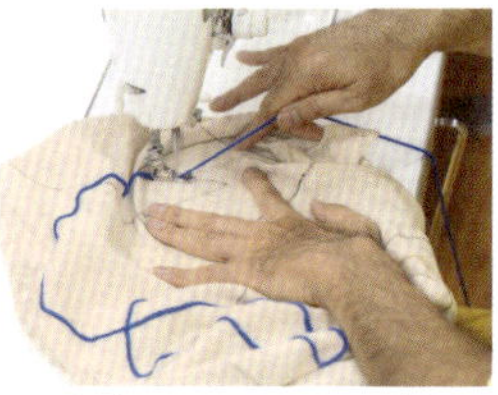

服を何度も回転させながら線の上を縫っていきます。

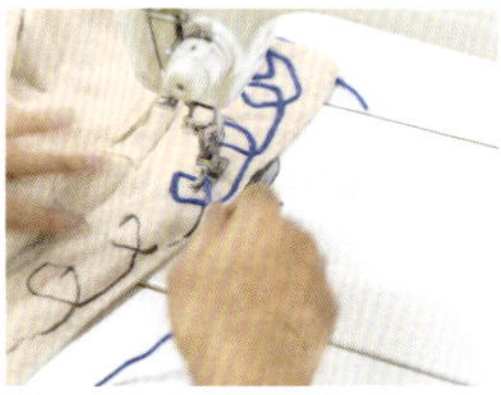

襟の線の上も毛糸を縫います。

3

服を元の形に戻します。
前開きのシャツを元の形に戻す⇒ p.90

4

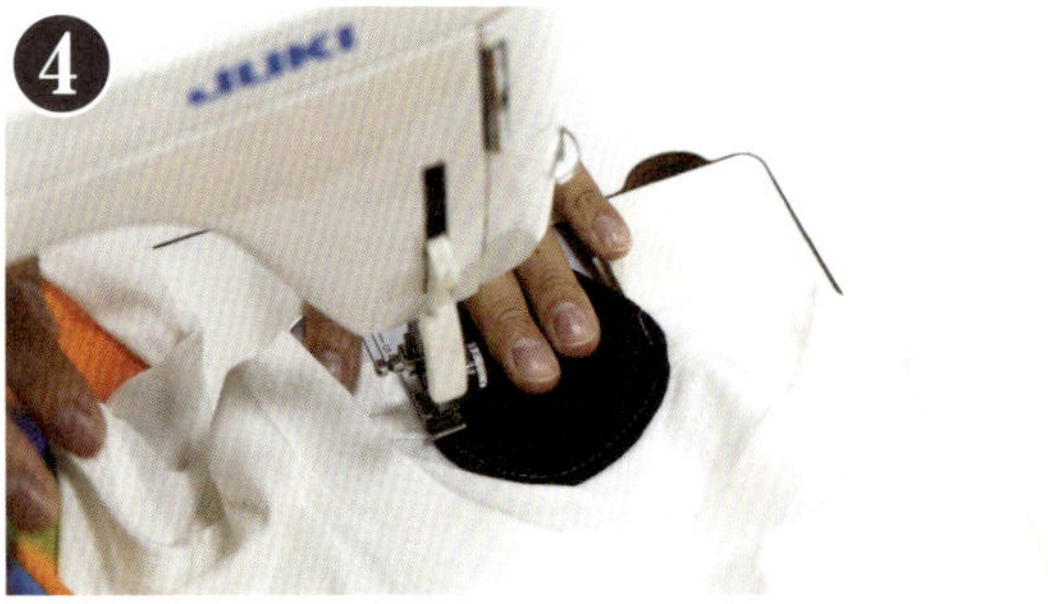

シートフェルトを直径8cmの円形に切り、タグ部分にミシンで縫い付けます。

・地味なシャツに動きが加わり、元の服と違う印象の服が完成します。
・くるんくるんと連続して毛糸を縫う工程が結構むずかしいので、p.99の四角Tが縫えるようになってから挑戦してね。

「途中でやめる」の服づくり

四角T

丸以外のモチーフで服を作りたくて考えました。まるTのように布で四角を作れたらよかったんだけど、角部分がつってしまうので、ならば毛糸を縫ったらいいんじゃないってことでこのデザインになりました。毛糸は5周しています。

材料
- Tシャツ　1着
- 毛糸　約800cm
- シートフェルト（黒）　8cm角
- 縦43×横30cmの紙　1枚

下準備
- Tシャツを解体しておく。
  Tシャツを解体する⇒ p.56

1

Tシャツの中央に紙を置き、マジックで縁をなぞります。

2

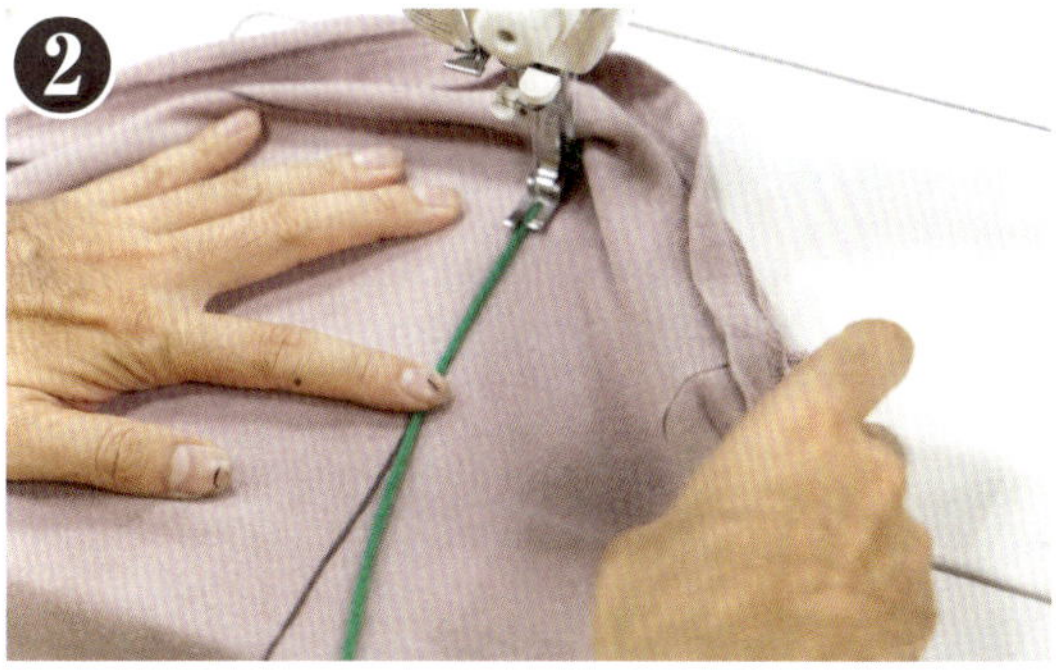

四角の線上を毛糸で縫います。毛糸の糸端を向こう側にして線の上に置き、ミシンの針を下げ、1周縫います。毛糸を付ける⇒ p.72

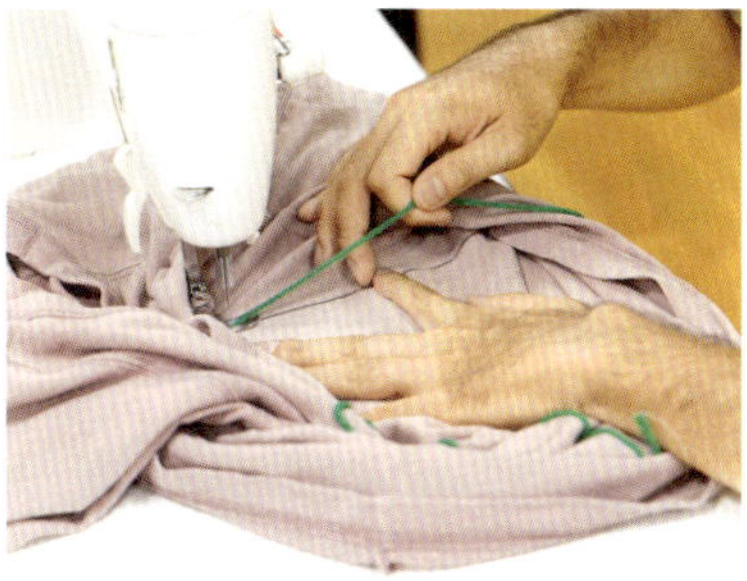

毛糸は引っ張りながら縫うときれいに仕上がりますよ。

3

❷の周りに、さらに4周毛糸を縫います。四角の線が太くなり存在感が出てきました。

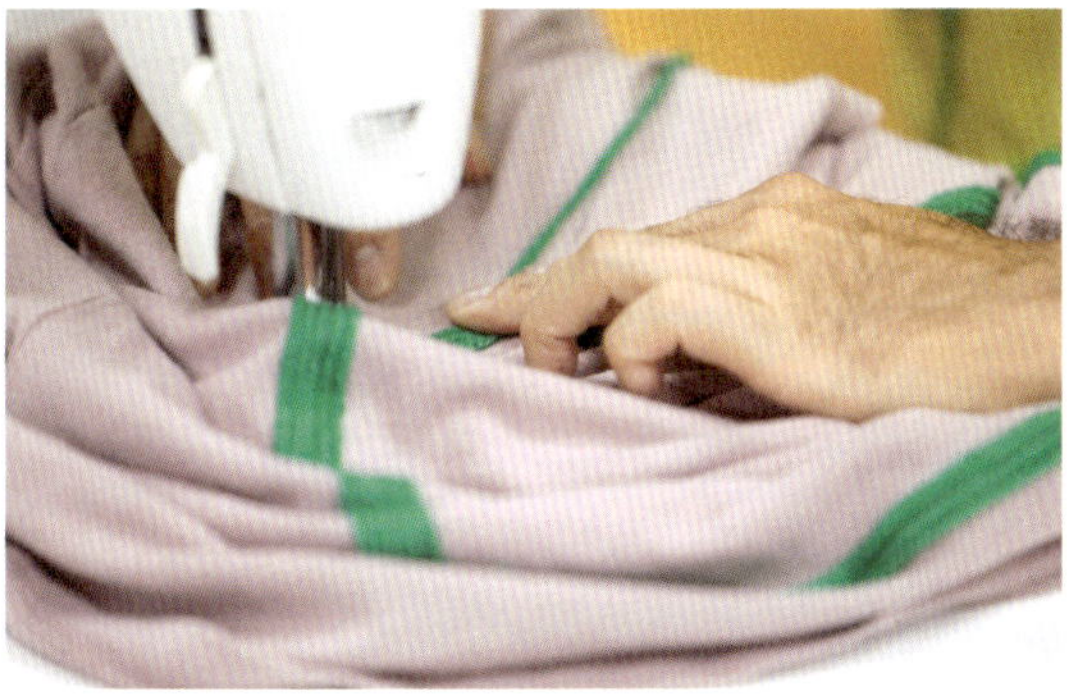

毛糸を5周縫いました。

4

5周縫い終えたら、服を元の形に戻します。
Tシャツを元の形に戻す⇒ p.88

5

シートフェルトを直径8cmの円形に切り、タグ部分にミシンで縫い付けます。

- 毛糸と毛糸の間は隙間を空けずに詰めて縫ってください。間が空いていると雑に見えるので、1本の太い線に見えるようにていねいに。
- 縫っている途中で毛糸が足りなくなったら、毛糸の最後に少し重ねるように新しい糸を置いて縫ってください。
- 服と反対の色の糸を選ぶと目立ちます。

「途中でやめる」の服づくり

花T

Vネックのカーディガンに描くモチーフとして生まれたデザイン。草冠は4画。裾から出た毛糸も含めて「花」の要素です。エレガントな雰囲気があるでしょう。VネックTシャツや開襟シャツなど首元が開いている服にも描けますよ。

材料
- Tシャツ　1着
- 毛糸　500cmくらい
- シートフェルト（黒）　8cm角
- メッシュの布　60cm角以上

下準備
- メッシュの布に「花」を袋文字で描く。
- Tシャツを解体しておく。
  Tシャツを解体する⇒p.56

1

Tシャツの上にメッシュの布を置き、マジックで「花」の線をなぞります。点線の状態でTシャツに「花」の文字が写ります。

2

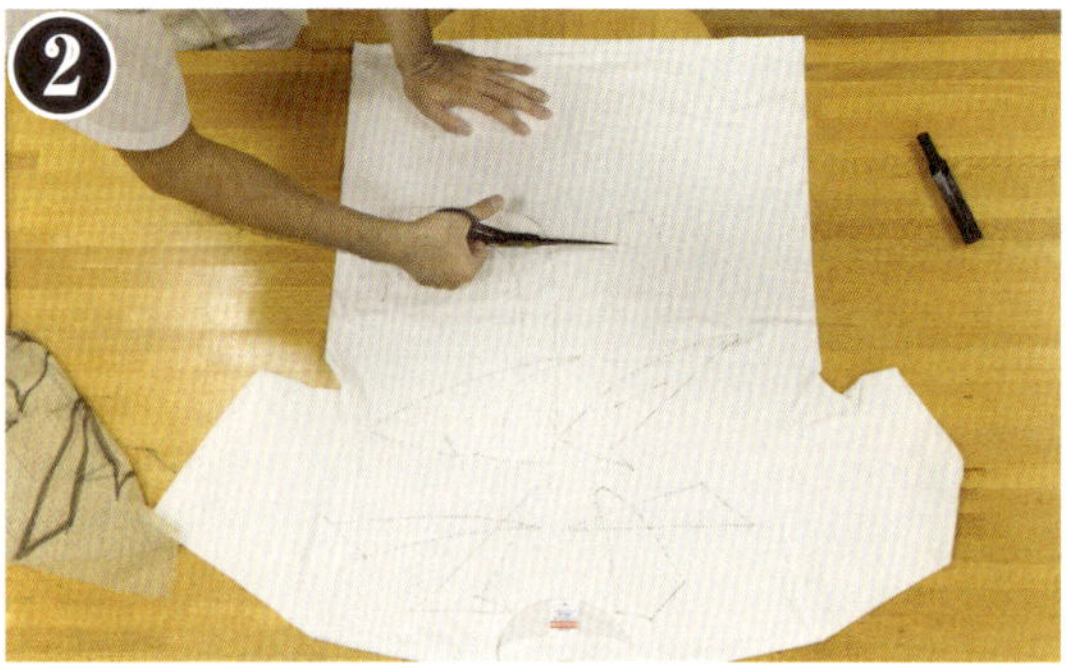

ウエスト部分より少し上を裁ちばさみでカットします。「花」の文字の下が少し切れるくらいが目安です。

3

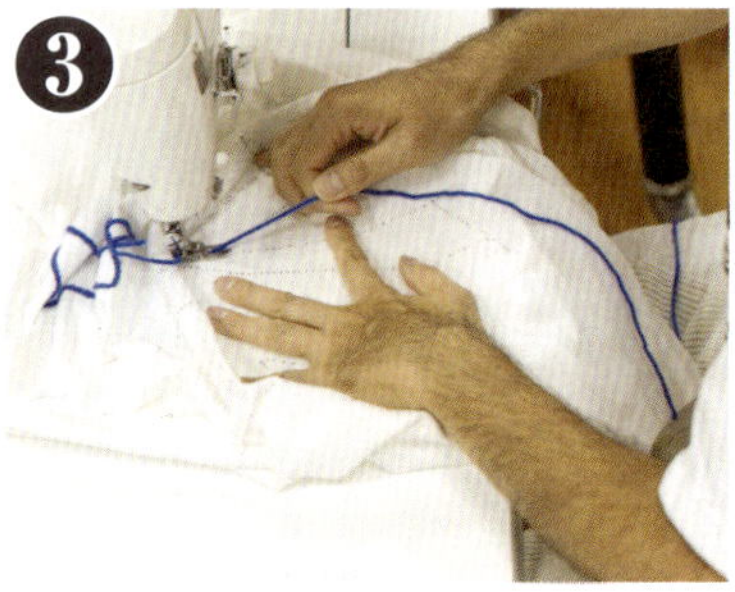

線の上に毛糸を縫っていきます。パーツの上を縫った後、次のパーツに移るときは毛糸はカットしないでよいです。
毛糸の付け方⇒p.72

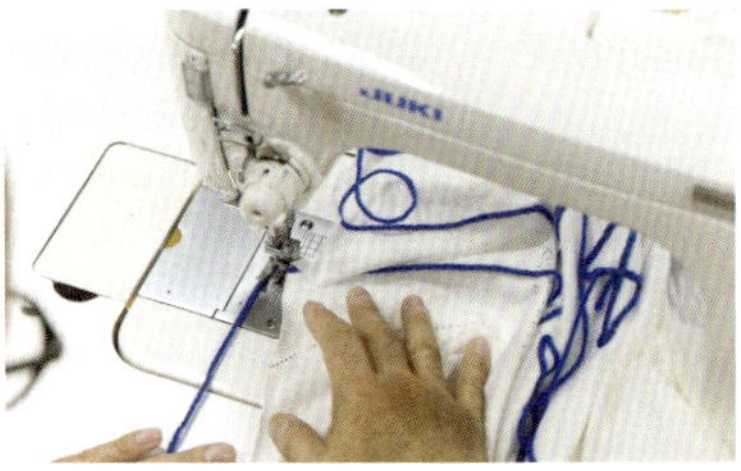

裾までできたら、❷でカットした服に描かれていた線を再現するように、Tシャツから飛び出した部分を毛糸で縫います。

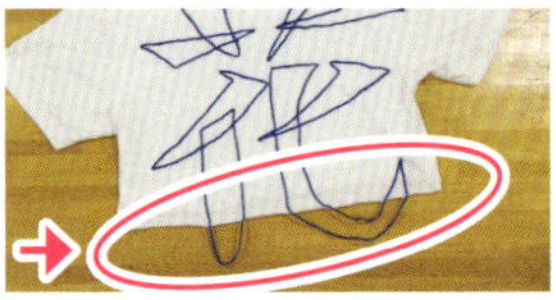

毛糸が飛び出しているこの部分です。

毛糸だけを縫っています。

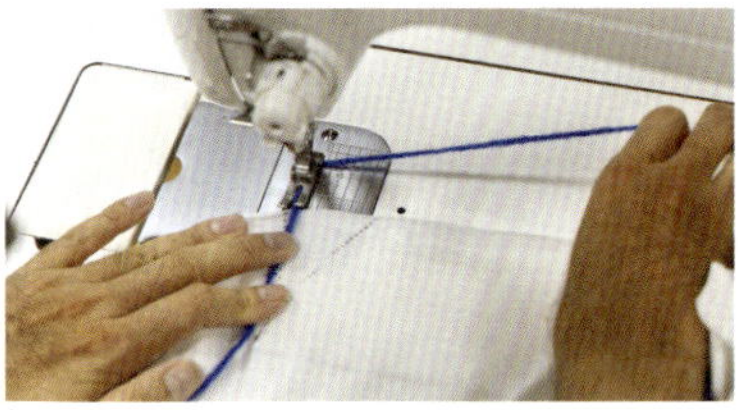

飛び出した部分を縫い終えたら、Tシャツの線に戻り、そのまま縫い続けます。

4

シートフェルトを直径8cmの円形に切り、タグ部分にミシンで縫い付けます。

5

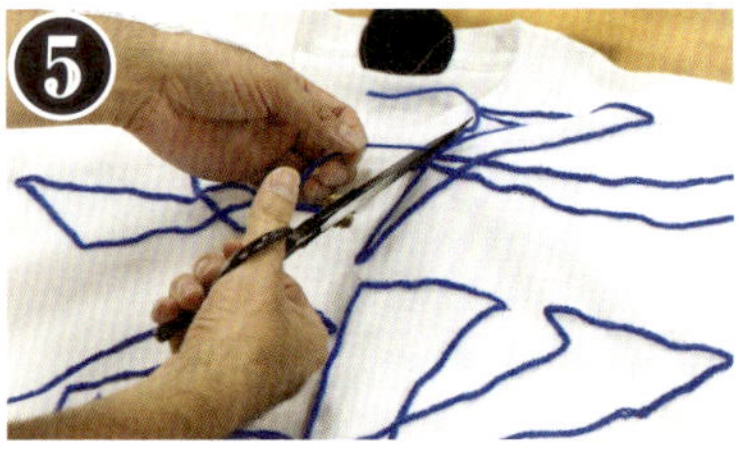

パーツとパーツの間の糸をカットします。Tシャツを元の形に戻します。

Tシャツを元の形に戻す⇒p.88

- 線が交差しているところから縫い始めると毛糸を切らずに方向転換ができます。毛糸を切る部分をなるべく少なくするワザです。
- 裾から飛び出した糸にもミシンをかけて強度を持たせています。
- パーツ間の糸は最後にまとめてカットできます。

横から見ると

「途中でやめる」の服づくり

とんかつパンツ

なぜとんかつなのかって？ ズボンの長さに合う字数で、文字を一筆書きで続けて書いたときのシルエットがきれいなんです。線のつながりが自然な言葉なら何でも◎。はらいの方向に次の書き始めがある文字が並ぶといい。よき言葉があったら教えてください。

材料
- パンツ　1着
- 毛糸　お好みで

下準備
- パンツを解体しておく。
  パンツの内側を解体する⇒ p. 60

パンツの外側にマジックで大きく文字（ここでは「とんかつ」）を一筆書きします。

文字、見えますか？
別の言葉を書いてもよいですよ。

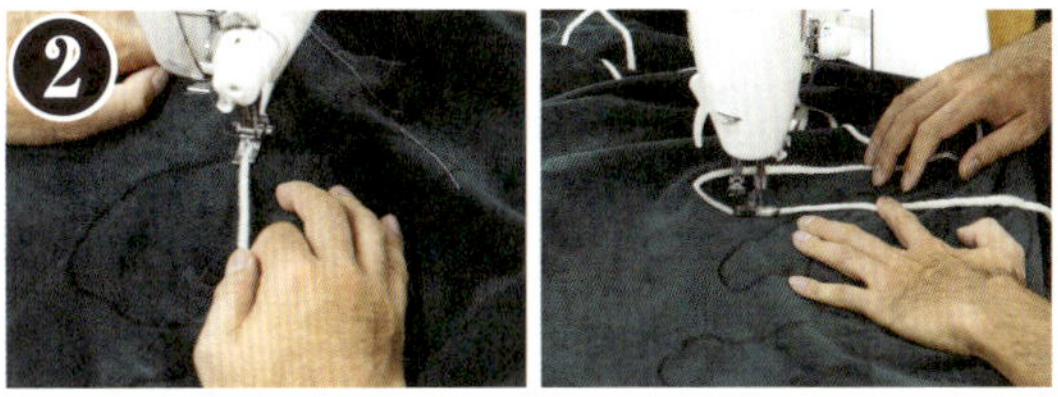

❶の線の上に毛糸を縫います。一番上（ここでは「と」）の文字から縫い始めるとよいでしょう。毛糸を付ける⇒ p.72

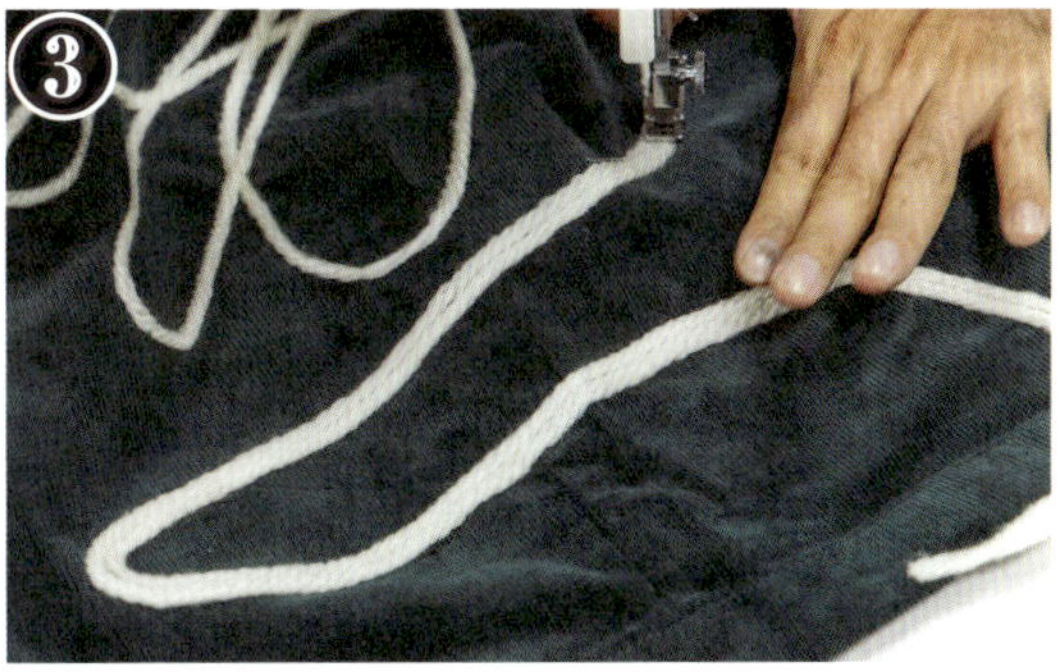

最後まで毛糸が縫えました。パンツの向きを 180 度変え、今縫ってきた毛糸の横にもう1列毛糸を縫います。

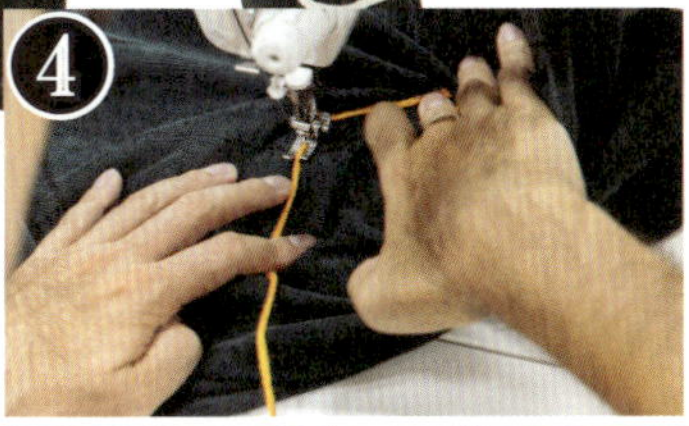

もう片方にも毛糸で文字を縫います。糸の色を替えてもよいですよ。

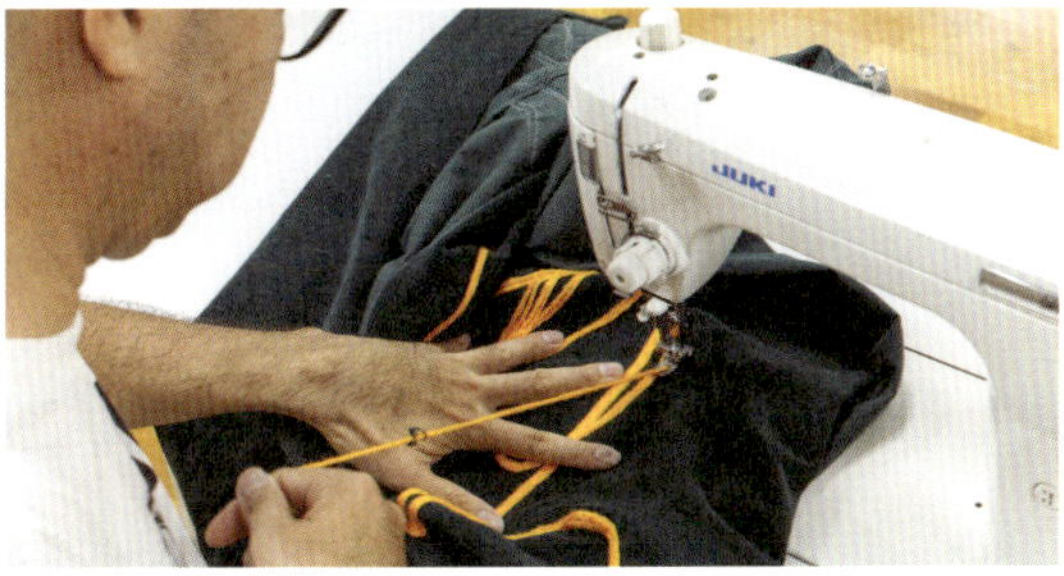

最後まで縫えたら、パンツの向きを180度変えて今縫った毛糸の隣にもう1列縫います。

パンツを中表に合わせ、内股を縫って元の形に戻します。
内股をカットしたパンツを元の形に戻す⇒ p.92

最後に
表に返しましょう

- 一筆書きが苦手な人は、紙に書いて練習してから服に書くようにしましょう。何回か書いたら慣れますよ。でも失敗してもいいんですからね。
- ミシンで縫うことを考えて、大きめに文字を書くと縫いやすいです。

「途中でやめる」の服づくり

パッチワークシリーズ

「途中でやめる」の最近の名物商品です。大きなキルトは高価で使えませんが、パッチワークなら小さくて扱いやすくトップスボトムスを選ばずに使えるので超万能。1枚2枚ではなく、ぜいたくにたくさん付けるとかわいらしく仕上がります。

材料
・スウェット　1 着
・パッチワーク　複数枚
・シートフェルト（黒）　8cm 角

下準備
・スウェットを解体しておく。
スウェットを解体する⇒ p. 56

スウェットを広げて置き、パッチワークを配置します。

前面だけでなく袖や肩、背中にも配置したり、服からはみ出していると楽しいデザインになります。

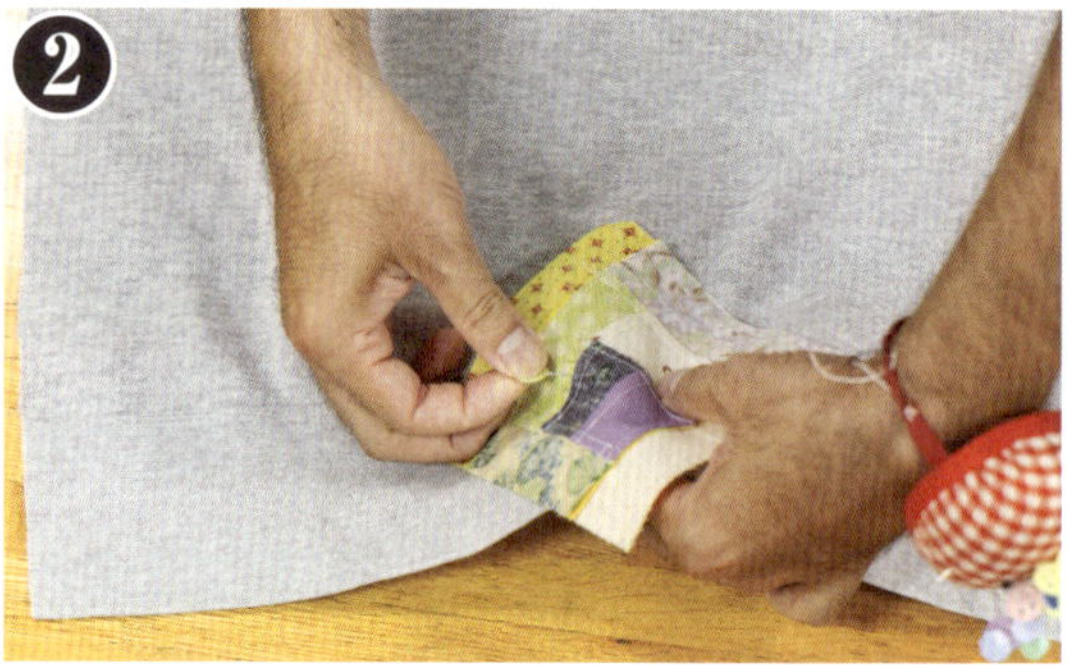

❶のパッチワークをまち針で服に固定します。枚数が多いときは、まち針を打ち忘れないように、指を刺さないように注意してください。

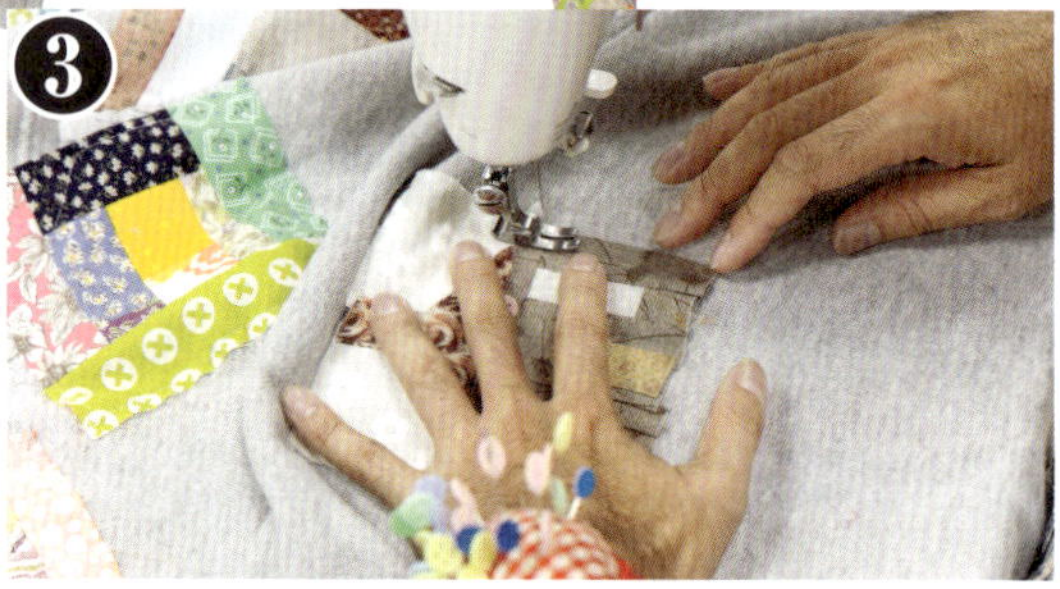

すべてのパッチワークの 4 辺を縫います。

服から出ているところは、服に接しているところを縫ってください。

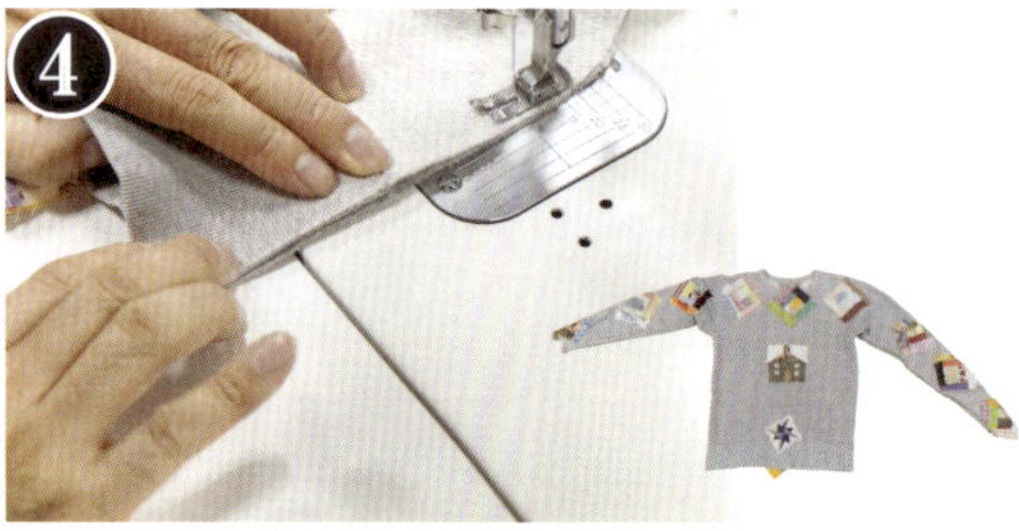

スウェットを元の形に戻します。
スウェットを元の形に戻す⇒ p.88

シートフェルトを直径 8cm の円形に切り、タグ部分にミシンで縫い付けます。

・使いすぎ注意くらい出し惜しみせずにたくさん使うとよいですよ。枚数が少ないと小さく収まっているように見えてもったいないんです。
・たくさん付けると、付けていない部分も柄に見えてくるんですよ。

「途中でやめる」の服づくり

マティス期

マティスの展示を観に行った後に作りました。こんな感じのモチーフの作品があったんです。影もかわいかった。マティス作品の色の美しさに衝撃を受けて、絵の中に入りたくて作ったシリーズです。服もモチーフも鮮やかな色を選んでいます。

材料
・シャツ　1着
・好きな布、またはシートフェルト2色　たくさん
・シートフェルト（黒）　8cm角

下準備
・シャツを解体しておく。
　前開きのシャツを解体する⇒ p. 58

❶

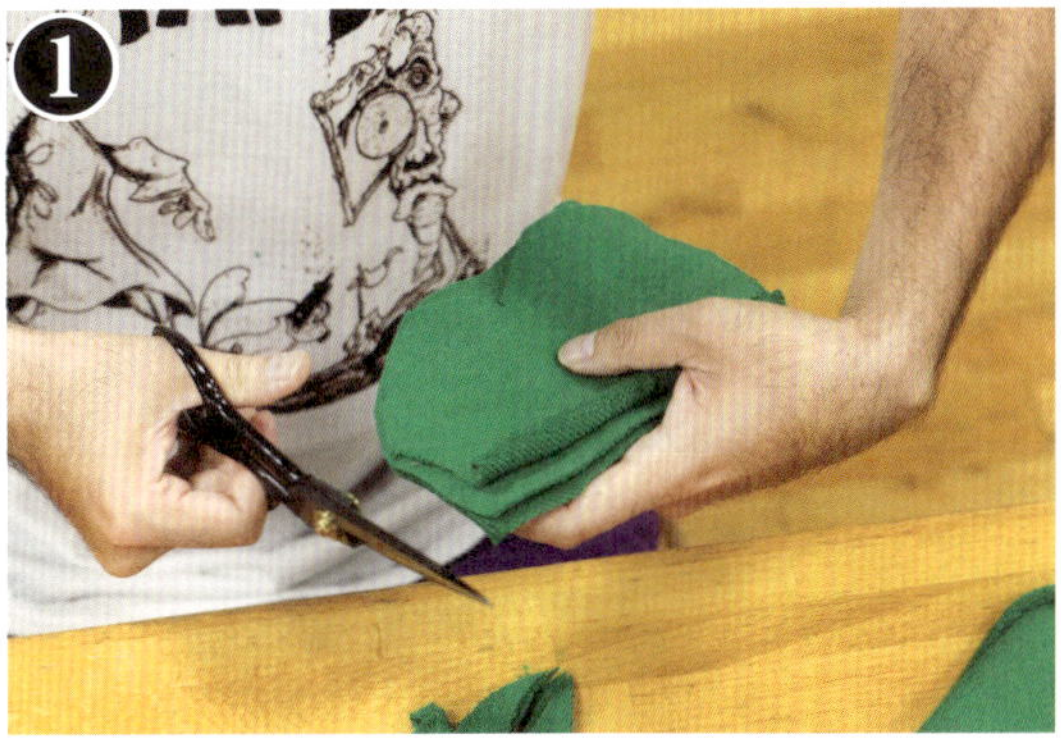

好きな布（またはシートフェルト）をこのような形に切ります。2色セットにして使うので、同じ枚数をたくさん用意しましょう。

❷

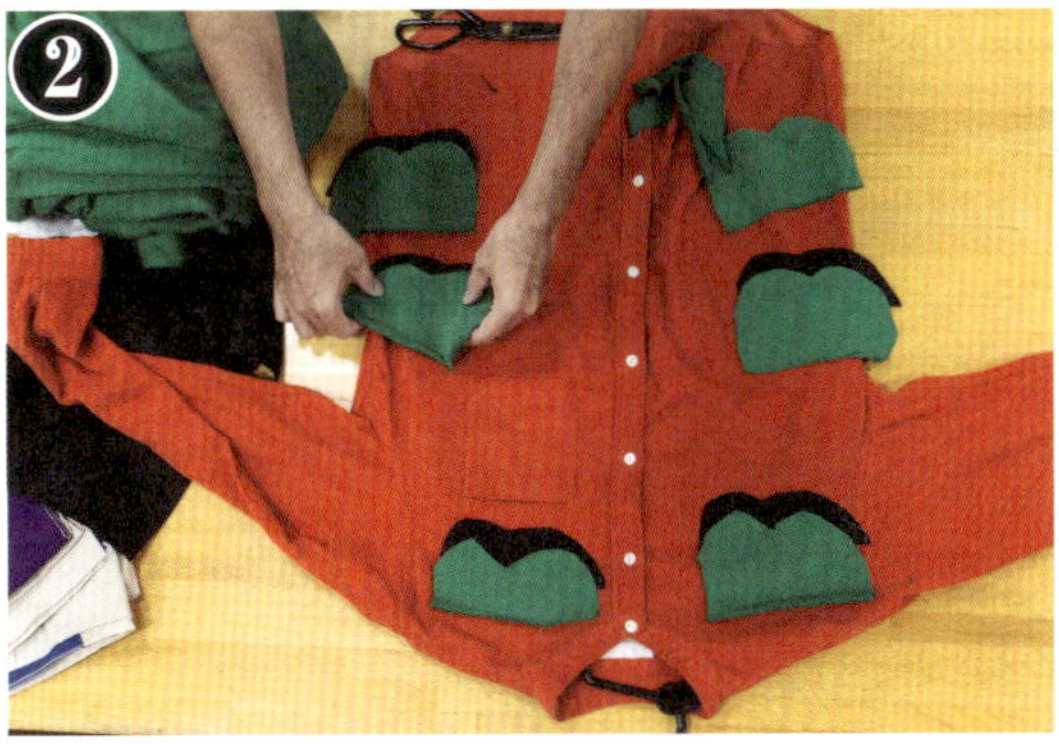

❶の布を2色1セットにして服の上に配置します。完成をイメージしながら置いてください。

❸

❷をまち針で服に固定します。

❹

❸の端を2枚一緒にミシンでぐるりと縫います。

服から飛び出しているところ、ポケットの上などは、先に布同士を縫い合わせてから服に縫い付けます。

❺

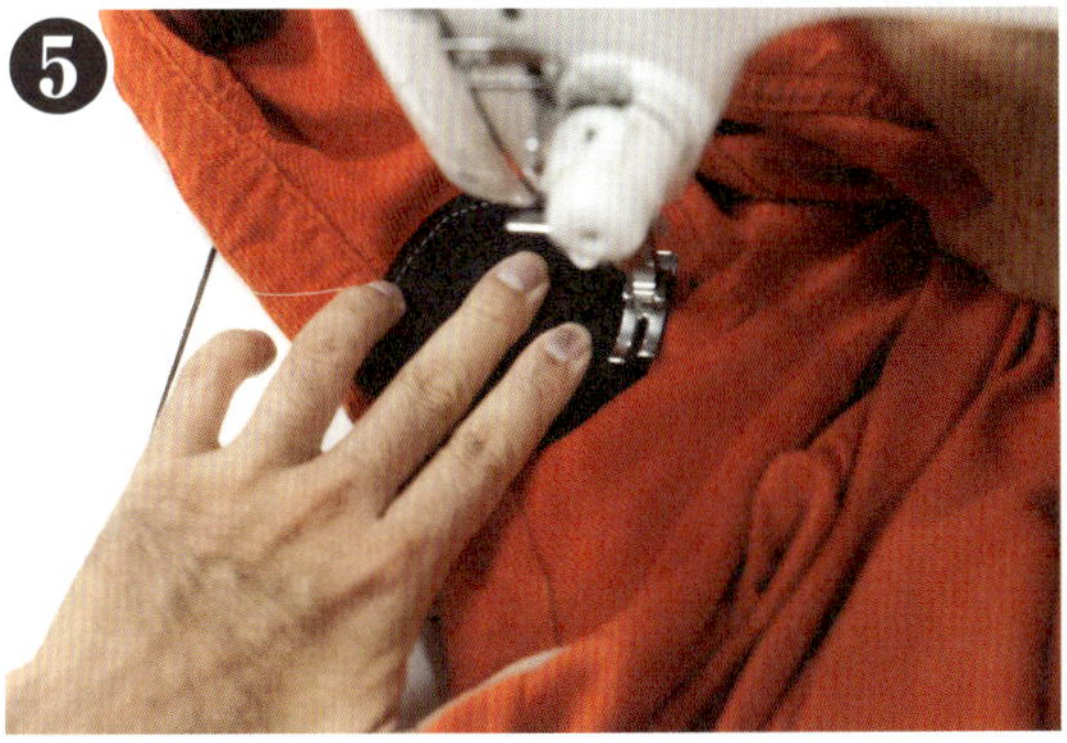

シャツを元の形に戻します。前開きのシャツを元の形に戻す⇒ p.90
シートフェルトを直径8cmの円形にカットし、タグ部分にミシンで縫い付けます。

・服の色にフェルトをたくさん置いて、全体のバランスを見てみましょう。黒部分は影をイメージしています。
・服の中に収めようとせず、裾や袖からモチーフがはみ出すくらいのほうが楽しいしカッコいいです。

「途中でやめる」の服づくり

THE SLITS Tシャツ

10代の頃からこんな感じの服を作っていたんです。Tシャツに自分が好きなバンド名を描くことを昔からやっていました。自分の中に宿っているから想いがぜんぜん違うんですよね。溢れだした想いが形になった服です。

材料
・Tシャツ　1着
・好きな布　約50cm角
・シートフェルト（黒）　8cm角

準備
・布を5×15cmくらいにカットしておく（端を斜めにすると配置しやすい）。30枚ほどあると安心。
・Tシャツを解体しておく。
Tシャツを解体する⇒p.56

❶

Tシャツの上に「SLITS」の文字になるようにカットした布を置きます。

Tシャツからはみ出てもよいですよ。

❷

❶の布をまち針で服に固定します。

Tシャツから出ている布は、重なっている部分にまち針を打ってください。

❸

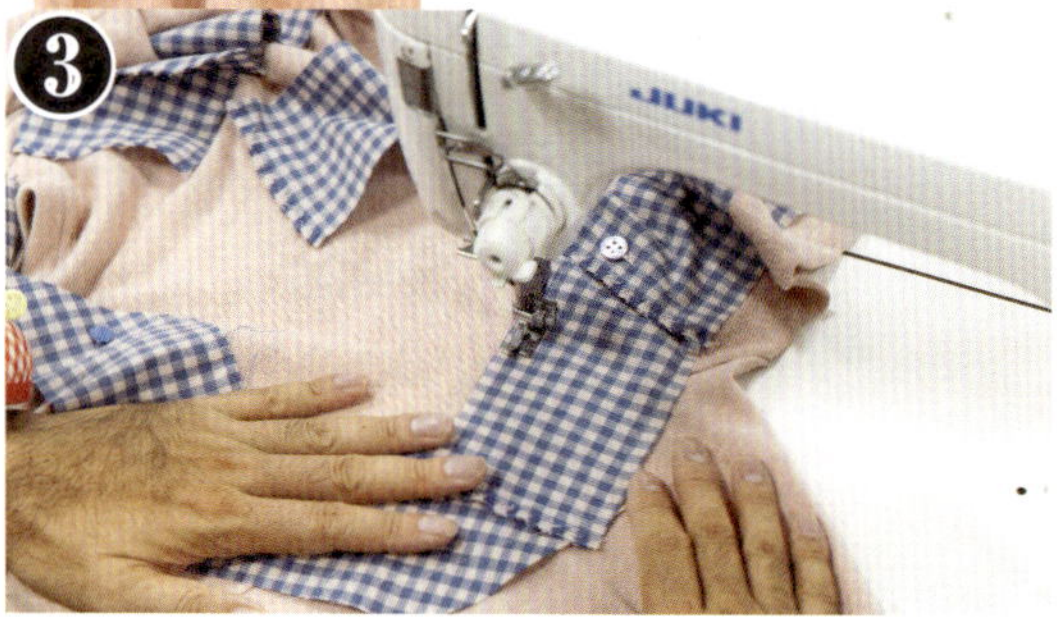

❷の布の端をミシンで縫います。布を重ねたところも忘れずに縫ってください。縫う場所は布端ギリギリでも内側でもよいです。

服からはみ出ているこの部分は、先に布同士を縫い合わせてから服に縫い付けましょう。

❹

Tシャツを元の形に戻します。Tシャツを元の形に戻す⇒p.88

❺

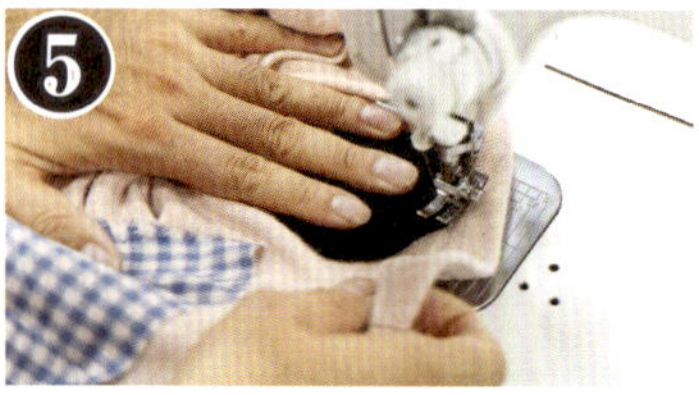

シートフェルトを直径8cmの円形にカットし、タグ部分にミシンで縫い付けます。

・文字は前面だけでなく脇や裏面までまたぐとカッコいいです。どんどんはみ出して飛び出す前提で配置しましょう。
・布は同じ柄を同じ大きさにカットして使うとクラフト感が出てGOODです。

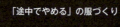

途中でやめる

大きな布をリメイクする

布団のカバーやカーテン、使わなくなった大きめの布などに小さな布や素材を縫い付けるとそれだけでかわいくなります。マルチカバーやまくらカバー、大きめのバッグでもいいかも。面積の大きい布なら何でもありです。

付ける布……というかミシンで縫えるなら布でなくてもいいんじゃないですかね。作業中に出たはぎれはもちろん、家の中にあるビニールとか紙を付けてもおもしろい。リメイク中に出た布の切れ端をとっておくと後々こういう使い方ができるってことです。あとは誰かにはぎれをもらうのもありですね。自分では選ばない柄が手に入ったら楽しくないですか。

それらを気持ちのいいと思うところに置いてミシンで縫ってみましょう。一度に作業をしなくても、一日数分、何日かかけて大きな布を作るでもいい。付ける素材が違っても同じ色や同系色で統一するとまとまりやすくなります。完成したものは、わが家では壁に貼ってタペストリーにしたり、ソファにかけてマルチカバー的な感じで使っています。いい感じでこなれてきたら、好きなところを切り取って服に仕立てるのもありですね。丸く切り抜いたらまるTの中になったりもしますよ。リメイクや服づくりではない楽しみ方ができる布＝平面は可能性の宝庫。想像が膨らんでおもしろいんすよ。ぜひお試しを。

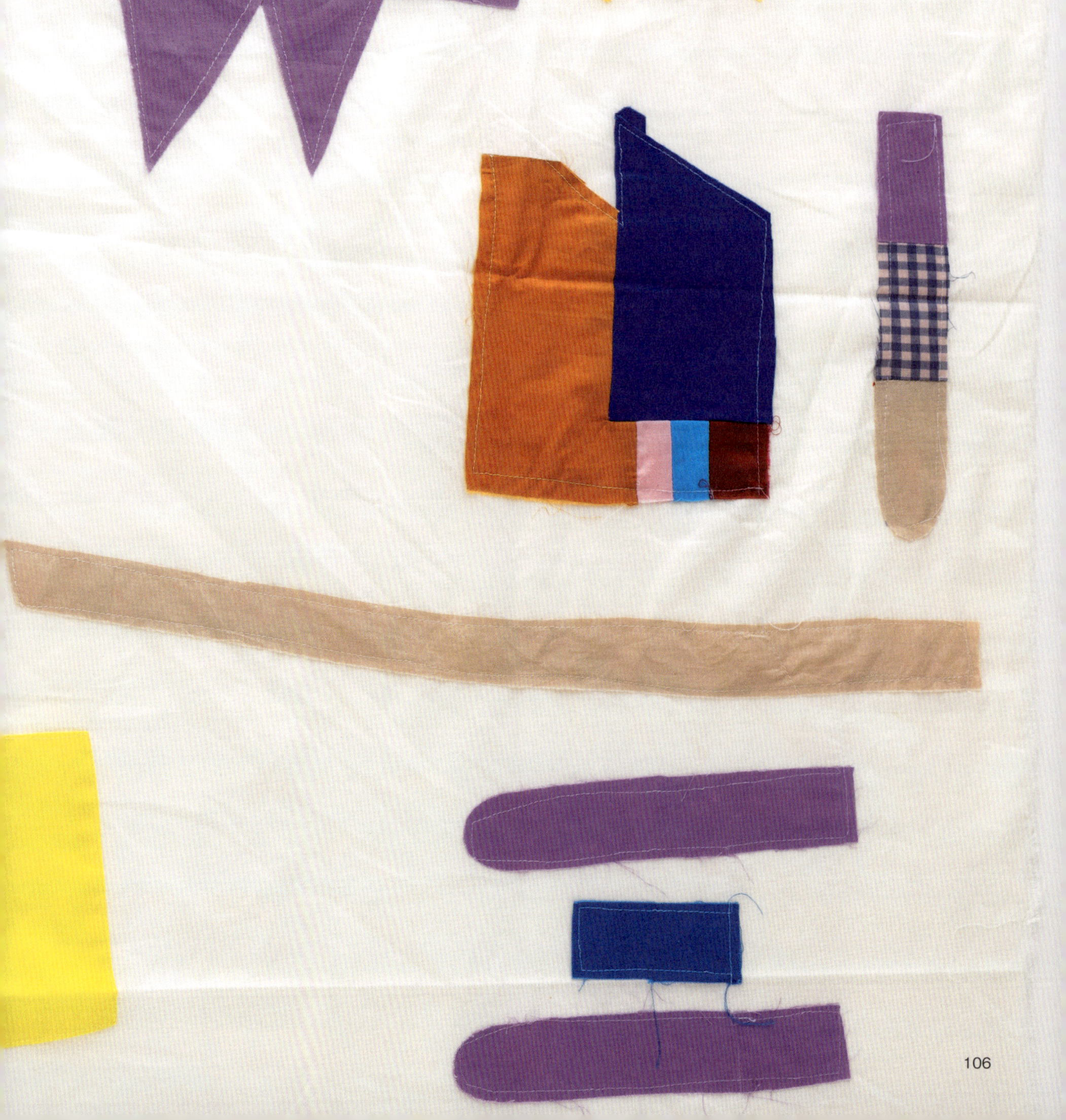

いかがでしたか?
途中でやめずにごまかしリメイクできたでしょうか?
作る気持ちになれたでしょうか?
「途中でやめる」を始めて20年。
これだけで生活できるようになって10年ちょいです。
つまり、10年間やってきたけど暮らしていくなんて無理無理の無理でした。
その頃に比べてスマホやネットの進化がすばらしいので
10年修業じゃい!ってことはありませんが、
この本をきっかけに、服づくりが始まったら嬉しいです。

なんだかんだ言っても実際に作るのは1%くらいの人でしょうか。
そしてこの本が10万部とか１００万部とか売れたら
１０００～１万人が作ってくれることになるけど
実際は50人作ってくれたらめちゃくちゃ嬉しい。

買ってくれたみんなに会うのは難しいけど、
買って作ってくれた人には会えそうな気がするし、
作って暮らせるようになる人があと20人くらい増えたら
世の中めちゃくちゃ楽しくなるんじゃないかと思っています。

ごまかしリメイクQ&A

「途中でやめる」リメイクの素朴な疑問をまとめました。ここで網羅していない疑問が出たら、友達やまわりの人に聞いてみてください。サクッと解決することもありますよ。

作り方について

Q まち針で留めたり、しつけ縫いなしでいきなりミシンで縫ってしまうんですか。

A 不安ですよね。大丈夫です。やっちゃいましょう。まるTの円は上下左右に合印を付けましょう。

Q まるを縫っている時、印がだんだんずれていきます。どうしたらいいですか。

A 縫い付けるまるのほうに、少しずつ切り込みを入れてもいいかもしれません。

Q もし間違え違えたらどうすればいいですか。

A 絶対ほどいたほうがいいですけど、絶対に戻りたくないですよね。戻らなくていいんです。上からミシンで縫えば完全犯罪ができます。

Q 毛糸で文字を縫い付けるとき、文字ごとに返し縫いをした方がいいですか。

A ひと文字ずつだと返し縫いしないといけないですが、一筆書きなら最初と最後だけでいいですよね。なので「途中でやめる」文字は、一筆書きが多いです。

Q 言葉の一筆書きって難しいですよね。

A いくらでも練習すればいいんです。

Q 文字にてんてん（濁点）とまる（半濁点）があると難しいですね。

A 濁点とまるは難しいですよね。英語の筆記体のような感じで一筆書きをしたら縫いやすくなります。

Q まるを布から切り出す時、どこから切るといいですか。

A どこからでも。まずは切り込みを入れて切り始めてください。

Q 低クオリティをうたっているけどやってみたら難しく、クオリティが高いと思います。

A 難しいですか。じゃんじゃん作って慣れてください。

Q 曲線を縫うのが難しいです。

A 服飾学校に行っても、直線のパターンが多いですし、まるを縫うことは習わないので難しいはずです。

Q ミシンで縫う時、下描きが見えなくてどこを縫うかわからない！

A マジックペンでがっつり書けばいいんです。「途中でやめる」では、チャコペンをあまり使わないんです。

Q 生地を二重に縫っているのではないかと不安になります。

A 縫っていない（余っている）生地は、内側にくるっと巻き込んじゃえば大丈夫です！

材料について

Q 布の裏表はどうやって見分けるんですか。

A どっちでもいいんです。好きなほうで。ただもし裏だったら街でマダムに「あなたこれ布が裏になってるわよ」って言われるだけです。

Q チャコペンも定規も使わないんですか。

A 使いません！

作品について

Q 服以外にリメイクができるものはありますか？

A 季節と人生をリメイクして夏に冬の格好をして8歳になろう！ すんません、冗談です。家具のリメイクは楽しそうだなと思っています。

Q 作った服を友達にあげてもいいものでしょうか。

A 服をもらったらめちゃくちゃ嬉しいです。ちょっと恥ずかしかったら「服作ったんだけど、誰かが着てるとこ見たいから着てくんない？」とお願いして試着してもらってゲキ褒め、褒めまくり、まんざらでもなさそうだったら、めちゃくちゃ似合うから着てほしい！って流れはどうでしょうか。

Q 大人服を子ども用にリメイクすることはできますか？

A もちろん、もちろんです。もちのロンです。大人のTシャツが子供のワンピースサイズになってかわいいですよ。

その他いろいろ

Q リメイクのアイデアが思い浮かびません。どうすればよいでしょうか。

A ソファが服を着たら？ マグカップに着せてみたら？ ペットボトルに？ と目の前にある財布とか風呂とか冬とか夏とかに服を着せてみましょう。風呂に手足があったら？ とか考えてみたら変なデザインになっておもしろそう。

Q 作った服を着て外に出るのがはずかしいです。

A 電車に乗ったときに全員何をしてるのか観察してみてください。ほぼ100%スマホを見てます。びっくりするくらい他のことに関心がないです。みんな視野が狭くなっているので、あの人変な服着ているねって言われることもないです。作った服を着て、着て、着まくって、最初は恥ずかしかったはずの服を着るだけでテンションが上がるくらいまで着まくりましょう。

Q 新作のアイデアはどのように思いつくのですか？

A iPadで雑誌読み放題●マガジンでファッション誌を読みまくり、スクショ撮りまくりで、なんとなく流行色や傾向を掴んで、再現度が恐ろしく低すぎる3Dプリンターみたいな感じで、うろ覚えで、こんな感じのが載ってたよなと記憶を頼りに作ってみたら全然違うやんけ、独創的すぎるやんけ！ というのができあがることが多いです。

Q 部屋が狭くて服や材料が広げられません。策はありますか？

A コンビニを自分の冷蔵庫代わりにするように、布の街、日暮里に住むとか、布屋の横に住む。ミシンカフェでバイトする。公民館を使い倒すなどなど。

Q この本を見て作った他の人の作品が見てみたいです。見られる場所はありますか？

A 「#途中でやめないごまかしリメイク」ハッシュタグでどんどん投稿していきましょう。

東京・三茶の生活工房にて開催！

山下陽光のおもしろ金儲け実験室

date　2024.9.3 ～ 12.26

東京・三軒茶屋駅直結、キャロットタワー3階にある公益財団法人せたがや文化財団「生活工房」にて2024年9月3日（火）～12月26日（木）に展覧会『山下陽光のおもしろ金儲け実験室』が開かれました。

山下は会期中、ほとんどの時間在廊。新大久保にあるアトリエから商売道具のミシンを運び入れ、CDプレイヤーでパンクロックをいつも通り流しながら制作と商品の直販を行いました。

展示内容は、山下が常に実践している「調査・仮説・実験」の3つを軸に構成。おもしろ金儲け相談も実施しながら、会場で日々行われる新しい制作と一般販売によって、増えたり減ったり順次更新されていく、動く展覧会でした。

独自に情報とモノを集め、既存の経済システムには乗らずにお金を稼いで生き抜くために仮説を立て、それを実験的に実践する。安い、速い、低クオリティという低めのこころざしで死なずに生き抜く方法を発信するリメイクファッションブランド「途中でやめる」の、おもしろ金儲け術と直に対面できる展覧会となりました。

会場がアトリエとなり、日々制作を続けた。

会場の様子。山下が大井競馬場などのフリーマーケットで収集した一見ガラクタのようなモノ、「途中でやめる」の商品が並んだ。

前展覧会の壁をリメイクして展示。

野生のワサビにヒントを得た作品。

フリーマーケットで入手した誰かの絵画をモチーフにして制作。

いきなり！？“誰かの絵画”モチーフの商品制作を実演！

「途中でやめる」はチームプレーです。スーパーアルバイトたちが山下の制作を加速させます。この日はリコちゃんとの共同制作が突然始まりました。

❶ 集めていた“誰かの絵画”を選ぶ

❷ モチーフの形に布を切る

❸ 配置する

❹ リコちゃんに伝える

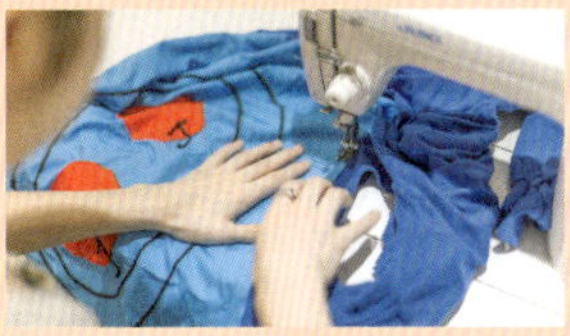

❺ リコちゃんが素早く縫う

❻ あっという間に完成！

（公財）せたがや文化財団 生活工房
住 東京都世田谷区太子堂 4-1-1　キャロットタワー 3 ～ 5F
休 毎週月曜（祝日の場合は開館）、年末年始
時 9:00 ～ 22:00（生活工房ギャラリーおよび市民活動支援コーナーは～ 21:00）
＊展示よって時間が変更になる場合があります
詳しくは HP にて⇒ https://www.setagaya-ldc.net/

おわりに

原作：山下陽光　漫画：コナリミサト

どうしても
やる気が出なかったり
途中で挫折してしまったら
SNSとかに
「服作ります」
などと
宣言して
しまいましょう!!
ダイエット
宣言と同じで
見られている
気がして
やる気しかね
ええーーーー!!
とスイッチ
が入ります
そういうことで
案外火がついて
作る気分に
つながったり
するもんです
ぺろっちょ
これやるのは
タダですし
あとL●NEの
オープンチャットや
ハッシュタグで
「服作れないフレンズ」
とかを作って
集まるのは
いかがでしょう
メッセージ
アプリ
作れね〜
無理ww
失敗こわい
みんなで
僕の悪口を
言いながら
とりあえず
作り始めるまでの
ハードルについて
話すのもありですね
本当は
「作れるフレンズ」が
理想ですけど
とにかく手を
動かしてみることが
大事ってことです
バ
シュバババババ
この本を手に取り
読んでいただき
ありがとう
ございました
自分なりの
一着を作って
出かけることを
目指して……
「途中でやめる」も
引き続き
よろしくお願い
いたします。

©Hironori Kodama.

山下陽光（やましたひかる）

リメイクブランド「途中でやめる」主宰。2010年に自身が経営する高円寺の古着屋「素人の乱シランプリ」にて全商品無料の取り組みを始める。2015年に写真家の下道基行、編集者の影山裕樹とともに「新しい骨董」をスタート。「バイトやめる学校」を日本全国各地で開催中。著書に『バイトやめる学校』（タババックス）がある。

その手《て》があったか！　こころざしとハードルの低《ひく》い服《ふく》づくりのアイデア

途《と》中《ちゅう》でやめないごまかしリメイク

2024年12月20日　発　行　NDC594

著　　者　山下《やました》陽光《ひかる》
発 行 者　小川雄一
発 行 所　株式会社 誠文堂新光社
〒113-0033 東京都文京区本郷3-3-11
https://www.seibundo-shinkosha.net/
印刷・製本　TOPPANクロレ株式会社

ISBN978-4-416-52464-0

制作アシスタント　田中理子、中俣あんな
撮影　児玉浩宜
（p.1-7、14-16、42-43、84-85、94-95、112）
蜂巣文香
（カバー、p.8-13、21-37、44-83、86-93、96-109）
デザイン・装丁　萩口洋文
漫画・イラスト　コナリミサト
モデル　木田英樹、大竹悠紀子、池田理乃、榎本楓、工藤丈武、清水真吾、松延絹緒
校正　野中良美
編集　古池日香留、石岡日奈子
Special Thanks　大竹嘉彦、佐藤史治、齋藤直子、石山那緒子、山下蘭、山下すん

撮影協力　（公財）せたがや文化財団 生活工房
東京都世田谷区太子堂4-1-1　キャロットタワー
03-5432-1543
https://www.setagaya-ldc.net

写真協力　JUKI株式会社
家庭用ミシンお客様相談室　0120-677-601
https://www.juki.co.jp